Wissen und Können

9/10 Standard Deutsch

Lesen

Herausgegeben von
Almut Hoppe

Erarbeitet von
Anja Fandel und Merve Klapper

Cornelsen

Fülle nach jedem Kapitel, das du bearbeitet hast, die folgende Checkliste aus:

- Kreuze an, ob du die Aufgabe und den Test gut bewältigt hast oder ob du noch weiter üben musst.
- Notiere zu jedem Kapitel in Stichpunkten, was du dir für die Zukunft besonders merken musst.

	Das kann ich gut.	Das muss ich noch üben.	Das muss ich mir merken:
Kapitel 1: Aktiv lesen	☐	☐	
Kapitel 2: Informationen aus mehreren Sachtexten nach Aspekten ordnen	☐	☐	
Kapitel 3: Unterschiedliche Positionen erkennen und ordnen	☐	☐	
Kapitel 4: Informationen aus Diagrammen verknüpfen	☐	☐	
Kapitel 5: Literarische Texte lesen: Parabeln verstehen	☐	☐	
Kapitel 6: Literarische Texte lesen: Gedichte und Bilder aufeinander beziehen	☐	☐	
Kapitel 7: Zeitungstexte verstehen und vergleichen	☐	☐	

Inhaltsverzeichnis

1

- Fragen aus dem Text ableiten und beantworten
- Informationen zielgerichtet entnehmen
- aktiv lesen

Aktiv lesen

Kurzbeschreibung
Um herauszufinden, welche Informationen ein Sachtext enthält und welche Fragen zu einem Thema er beantwortet, kannst du ihn **aktiv lesen.** Die 5-Schritt-Lesemethode hilft dir dabei.

Vorbereitung

Wiederhole, wie du beim Lesen von Sachtexten vorgehst:
- Überfliege den Text.
- Ermittle das Thema des Textes.
- Markiere Signalwörter.
- Steigere deine Lesegeschwindigkeit.

Aktiv lesen

Beim aktiven Lesen hilft dir die 5-Schritt-Lesemethode. Präge dir die Schritte ein und wende sie an.

1. Schritt
Den Text überfliegen

2. Schritt
Fragen an den Text stellen

3. Schritt
Den Text genau lesen

4. Schritt
Fragen mit dem Text beantworten

5. Schritt
Revision: Welche zusätzlichen Antworten gibt der Text?

Funktion

Wenn du mit Hilfe der 5-Schritt-Lesemethode aktiv liest, weißt du genau, welche Fragen zum Thema ein Text beantwortet. Entsprechend kannst du den Text für deine Zwecke (z. B. ein Referat, eine Hausaufgabe oder einen Artikel für die Schülerzeitung) nutzen.

Beispiel

Die 5-Schritt-Lesemethode

1. Schritt: Überfliege den Text und stelle fest, welches Thema er behandelt.

2. Schritt: Formuliere deine Fragen zum Thema des Textes.

3. Schritt: Lies den Text aufmerksam. Lege Sekundenpausen ein, in denen du darüber nachdenkst, ob du alles verstanden hast.

4. Schritt: Beantworte deine Fragen aus Schritt 2 mit Hilfe des Textes.

5. Schritt: Denke zum Schluss noch einmal über den Inhalt des Textes nach und halte fest, auf welche zusätzlichen Fragen der Text Antworten gibt.

1 Überfliege den Text und stelle fest, welches Thema er behandelt. Nimm dir dafür etwa 20 Sekunden Zeit.

Analphabetismus

Millionen Deutsche sind Analphabeten.

Rund vier Millionen Deutsche können nach Schätzung des Bundesverbandes Alphabetisierung nicht ausreichend lesen und schreiben. Für die meisten Betroffenen ist es immer noch ein Tabuthema. Die Gesellschaft akzeptiert keine Analphabeten. [...]
Aufgrund ihres Defizits werden sie von beruflichen Ausbildungsmöglichkeiten ausgeschlossen. Die Berufsmöglichkeiten beschränken sich somit auf Anlern- und Hilfsarbeitertätigkeiten. Früher oder später werden sie auch dort von höherqualifizierteren Kräften verdrängt. [...]
Die Frage nach den Gründen für den Analphabetismus ist nicht einfach zu beantworten. Oft spielen ungünstige familiäre und soziale Verhältnisse eine Rolle: beengte Wohnverhältnisse, viele Kinder oder finanzielle Schwierigkeiten in der Familie. Erwachsene Analphabeten berichten auch immer wieder über desinteressierte Eltern und Vernachlässigung. Lernen wurde nicht gefördert, Bildung hatte keinen großen Wert. Je niedriger der Bildungsstand der Eltern, desto niedriger ist meist auch der Schulabschluss der Kinder, desto niedriger deren Fertigkeiten im Lesen und Schreiben und desto geringer die Chancen am Arbeitsmarkt. Rund 85 000 Jugendliche verlassen pro Jahr die Schule ohne Abschluss, häufig mit nur geringen Lese- und Schreibkenntnissen.

2 Formuliere Fragen zum Thema des Textes.

1. Was ist ein Analphabet?

2. Wie viele Analphabeten gibt es?

3. Welche Menschen sind besonders gefährdet, Analphabeten zu werden?

4. Welche Probleme haben Analphabeten?

3 Lies den Text aufmerksam. Lege dabei Sekundenpausen ein.

4 Beantworte deine Fragen aus Aufgabe 2 mit Hilfe des Textes.
Lies die Antworten und ordne ihnen die passenden Fragen zu.

– Frage: ____________________

Antwort: Es gibt in Deutschland ca. 4 Mio. Analphabeten.

– Frage: ____________________

Antwort: Ein Analphabet kann nicht ausreichend lesen und schreiben.

– Frage: ____________________

Antwort: Analphabeten haben Probleme in der Ausbildung. Sie können sich nicht so hoch qualifizieren und haben daher geringe Chancen auf dem Arbeitsmarkt.

– Frage: ____________________

Antwort: Gefährdet sind Menschen in schwierigen sozialen Verhältnissen, die beengt wohnen oder in kinderreichen Familien leben. Oft sind die Eltern nicht an Bildung interessiert.

5 Welche zusätzlichen Fragen beantwortet der Text? Beantworte die Fragen mit eigenen Worten und notiere, in welcher Textzeile du die Antwort gefunden hast.

– Frage: Welchen gesellschaftlichen Stand haben Analphabeten in Deutschland?

Antwort: Die Gesellschaft akzeptiert keine Analphabeten, weil sie nur schwer in den Beruf zu integrieren sind.

Zeile: __________

– Frage: Wie viele Jugendliche verlassen die deutschen Schulen Jahr für Jahr mit nur geringen Lese- und Schreibkenntnissen?

Antwort: 85 000 Jugendliche verlassen jährlich die Schule ohne Abschluss. Sie verfügen oft nur über geringe Lese- und Schreibkenntnisse.

Zeile: __________

Aufgabe

1 Überfliege den Text und stelle fest, welches Thema er behandelt. Nimm dir dafür etwa 30 Sekunden Zeit.

Inka Gritzner

Fremde Welt der Buchstaben

Analphabetismus in Deutschland

Ihre Handlungen sind nicht immer erklärbar, ihr Charakter ist merkwürdig unklar: Hanna Schmitz ist eine der beiden zentralen Figuren in Bernhard Schlinks Roman „Der Vorleser“. [...] Was die rätselhafte Romanfigur mit der Realität von rund vier Millionen Deutschen verbindet: Hanna ist Analphabetin und hat Angst, damit „aufzufliegen“.

In der modernen Gesellschaft spielt Schrift eine zentrale Rolle, in Freizeit und Beruf ist sie eine ständige Begleiterin. In früheren Jahrhunderten galt: Wer seinen Namen schreiben kann, ist kein Analphabet. Doch wer heute sein Kreuz mit der Schrift hat, ist aufgeschmissen. Beispielsweise Behördengänge, sich wandelnde berufliche Aufgaben oder die Hausaufgabenbetreuung der Kinder werden zu unlösbaren Aufgaben. Analphabeten können weder durch Lesen erfassen, was von ihnen verlangt wird, noch durch Schreiben angemessen darauf reagieren – die meisten schämen sich dafür sehr und werden Meister für Ausreden.

Wenn das Leben zu einer Ausrede wird

Beispielsweise Jutta S.: Wenn die 45-Jährige auf ein Amt muss, verbindet sie sich vorsorglich die Hand, sodass jeder gleich sehen kann, sie ist zum Schreiben nicht in der Lage. Ausflüchte wie diese oder der Hinweis auf die vergessene Brille werden zur Regel. „Bloß nicht auffliegen“ heißt die Devise. [...]

Auswege aus dem Analphabetismus

In Deutschland gibt es heute verschiedene Möglichkeiten, mit dem Analphabetismus umzugehen: Volkshochschulen bieten für Erwachsene Kurse im Lesen und Schreiben an, und es gibt Einrichtungen, die Analphabeten beim Lesen und bei der Beantwortung von Behördenpost, beim Ausfüllen von Formularen und Anträgen helfen. Unter dem Motto „Bildung für alle“ wollen die Vereinten Nationen bis 2012 die Zahl der erwachsenen Analphabeten durch Alphabetisierungsprogramme weltweit auf rund 400 Millionen verringern.

2 Formuliere mindestens drei Fragen zum Thema des Textes. Arbeite in deinem Heft.

Tipp: Am effektivsten liest du, wenn du mit dem Bleistift wichtige Textstellen und Schlüsselwörter markierst.

3 Lies den Text aufmerksam. Lege dabei Sekundenpausen ein.

4 Beantworte deine Fragen aus Aufgabe 2 mit Hilfe des Textes. Schreibe die Antworten mit Zeilenangaben in dein Heft.

5 Welche zusätzlichen Fragen beantwortet der Text? Notiere in deinem Heft weitere Fragen und beantworte sie mit eigenen Worten. Notiere, in welcher Zeile du die Antwort gefunden hast.

Überprüfung

1 Kreuze an, ob der Text die Aussagen bestätigt oder nicht.

trifft zu	trifft nicht zu	
☐	☐	a) Früher galt man nicht als Analphabet, wenn man seinen Namen schreiben konnte.
☐	☐	b) Die Vereinten Nationen wollen in den nächsten Jahren die Zahl der erwachsenen Analphabeten in Deutschland halbieren.
☐	☐	c) Ein Problem der Analphabeten besteht darin, berufliche Aufgaben zu bewältigen.
☐	☐	d) Viele Analphabeten versuchen, ihr Defizit in der Öffentlichkeit zu verbergen.

2 Kreuze die richtige Aussage an.

☐ a) Analphabeten können manchmal durch Lesen erfassen, was von ihnen verlangt wird, aber nicht durch Schreiben angemessen darauf reagieren.

☐ b) Analphabeten können weder durch Lesen erfassen, was von ihnen verlangt wird, noch durch Schreiben angemessen darauf reagieren.

3 Was bedeutet die Wendung „wer heute sein Kreuz mit der Schrift hat"? Unterstreiche die richtige Erklärung.

Wer sein Kreuz mit etwas hat, …

a) hat religiöse Gedanken.

b) pflegt einen gewissenhaften Umgang mit etwas.

c) hat schwer mit einer Sache zu kämpfen.

4 Kreuze an, was der jeweilige Textabsatz leistet.
Nur eine Antwort ist richtig.

Absatz 1 (Z. 1–6)

- ☐ … leitet mit einem Beispiel aus der Literatur in das Thema ein.
- ☐ … macht Aussagen zur Lage der Analphabeten.
- ☐ … stellt die Inhalte der weiteren Absätze kurz vor.
- ☐ … leitet mit dem Bezug auf eine konkrete Person in das Thema ein.

Absatz 2 (Z. 7–16)

- ☐ … erklärt den Begriff „Analphabetismus".
- ☐ … stellt die historische Entwicklung des Problems dar.
- ☐ … beschäftigt sich mit den Problemen der Analphabeten im Allgemeinen.
- ☐ … schildert das Verhalten von Hanna Schmitz.

Absatz 3 (Z. 17–21)

- ☐ … erläutert, was alle Analphabeten in Deutschland gleichermaßen betrifft.
- ☐ … schildert die Probleme von Analphabeten am Beispiel einer Betroffenen.
- ☐ … geht auf die Biografie von Jutta S. ein.
- ☐ … erzählt eine Anekdote aus dem Leben einer Analphabetin.

Absatz 4 (Z. 22–29)

- ☐ … leitet über von dem Problem in Deutschland zu dem Problem weltweit.
- ☐ … macht Vorschläge, wie jeder Einzelne helfen kann.
- ☐ … informiert über die Zahl der Analphabeten weltweit.
- ☐ … stellt Initiativen für Analphabeten vor.

2

- Stichwörter formulieren
- komplexe Texte verstehen und im Detail erfassen
- Informationen entnehmen, ordnen, vergleichen und ergänzen

Informationen aus mehreren Sachtexten nach Aspekten ordnen

Kurzbeschreibung

Wenn du mehrere Sachtexte zu einem Thema liest, erhältst du eine Vielzahl von Informationen. Um den Überblick zu behalten, kannst du die **Informationen nach Aspekten ordnen**.

Vorbereitung

Wiederhole, was du im Umgang mit Sachtexten bereits gelernt hast:

- Sachtexte erschließen
- Informationen aus Sachtexten entnehmen
- Informationen strukturieren

Mache dir noch einmal klar, dass ein „Aspekt" ein übergeordneter Gesichtspunkt ist.

Informationen aus mehreren Sachtexten nach Aspekten ordnen

1. Schritt
- Lies den Text und notiere, welche Fragen er beantwortet.

2. Schritt
- Formuliere zu den Fragen übergeordnete Aspekte.

3. Schritt
- Lege eine Tabelle an, in der du die Informationen des Textes den Aspekten zuordnest.

4. Schritt
- Lies einen weiteren Text zu demselben Thema und prüfe, ob er weitere Informationen und neue Aspekte enthält. Ergänze deine Tabelle entsprechend.

Funktion

Um dich über ein Thema (z. B. für ein Referat) zu informieren, solltest du mehrere Sachtexte lesen. Die Texte werden ähnliche, aber auch neue Informationen enthalten. Das Anlegen einer Tabelle mit Aspekten hilft dir, den Überblick zu behalten und gezielt nach Informationen zu suchen.

Beispiel

1 Lies den Text und notiere, welche Fragen er beantwortet.

Bismarck

Otto von Bismarck, geboren am 1. April 1815, stammt aus einer adligen Rittergutsbesitzer- und Offiziersfamilie. Nach einem juristischen Studium in Göttingen und Berlin tritt er in den Staatsdienst ein, den er jedoch bald wieder verlässt, um die Bewirtschaftung der väterlichen Güter zu übernehmen. Als Abgeordneter der Konservativen Partei im preußischen Landtag bekämpft er 1848 Revolution und Demokratie. [...] Vehement setzt er sich für die Ablehnung der Kaiserkrone ein, die dem König von der „abscheulichen" Frankfurter Nationalversammlung angeboten worden war, und bemüht sich vergeblich darum, den König zu einer Gegenrevolution zu bewegen. Im Anschluss an seine 1851 begonnene Tätigkeit als Gesandter Preußens im wiedererrichteten Bundestag zu Frankfurt sammelt er seit 1859 internationale politische Erfahrungen in Petersburg und in Paris. Auf dem Höhepunkt des preußischen Verfassungskonflikts wird er 1862 von König Wilhelm I. zum preußischen Ministerpräsidenten ernannt. 1871 übernimmt er das Amt des deutschen Reichskanzlers. Nach seinem Rücktritt 1890 lebt er bis zu seinem Tode im Jahre 1898 auf seinem Gut in Friedrichsruh.

Fragen, die der Text beantwortet:

Wann ist Bismarck geboren?
Woher stammt er?
Welche Ausbildung hat er?

Welche politische Haltung vertritt er?

Welche Ämter hatte er in seiner beruflichen Laufbahn?

Wann ist er gestorben?

2 Formuliere zu den Fragen übergeordnete Aspekte:

Lebensdaten, Herkunft, Ausbildung, politische Haltung, berufliche Laufbahn

3 Lege in deinem Heft eine Tabelle an und ordne den Aspekten die Informationen des Textes zu.

Lebensdaten:	*1815–1898*
Herkunft:	*adlige Rittergutsbesitzer- und Offiziersfamilie*
Ausbildung:	*Jurastudium, Staatsdienst in Göttingen und Berlin*
Politische Haltung:	*konservativ, gegen Frankfurter Nationalversammlung, gegen Revolution und Demokratie*
Berufliche Laufbahn:	*1848: Abgeordneter der Konservativen Partei* *1851: Gesandter Preußens im Bundestag* *seit 1859 internationale politische Erfahrungen* ...

4 Lies einen weiteren Text über Bismarck und prüfe, welche Aspekte er enthält.

Aspekte

Politische Laufbahn
Herkunft
Geburtsjahr

Berufliche Laufbahn

Verhältnis zum König (neu)

Politische Haltung

Politische Ziele (neu)

Bismarck wird preußischer Ministerpräsident

[…] 1862 übernahm Otto von Bismarck als neuer Ministerpräsident die Regierung in Preußen. Bismarck stammte aus einem alten preußischen Adelsgeschlecht, war 1815 geboren, hatte Jura studiert und war nach 1848 in den diplomatischen Dienst Friedrich Wilhelms IV. eingetreten. Dessen Nachfolger, König Wilhelm I. (1861–1888), machte ihn in einer schwierigen Lage zum Ministerpräsidenten. Das Parlament hatte den Antrag des Königs abgelehnt, die Wehrpflicht auf drei Jahre zu verlängern und auf die Kontrolle über den Heeresetat zu verzichten. Als die Liberalen, die entschiedenen Gegner des Königs, bei Neuwahlen siegten, wollte König Wilhelm zurücktreten. Bismarck erklärte ihm: „Ich will lieber mit dem König untergehen, als Eure Majestät im Kampf mit der Parlamentsherrschaft im Stich lassen." Wilhelm blieb König, und Bismarck regierte jahrelang, ohne sich um den Landtag zu kümmern. Er ließ z. B. Steuern erheben ohne Bewilligung durch das Parlament. Bismarck wollte den König in Preußen und Preußen in Deutschland starkmachen. Er versuchte geschickt, die nationale Stimmung in Deutschland für Preußen auszunützen.

5 Notiere alle Aspekte, die der Text enthält, am Textrand.
Ergänze die neuen Aspekte in deiner Tabelle aus Aufgabe 3. Arbeite im Heft.

Aufgabe

1 Lies den Text und notiere in der Randspalte, welche Fragen er beantwortet.

Fragen, die der Text beantwortet:

Kinder als Arbeiter

Heute ist bei uns Kinderarbeit in der Fabrik verboten. Vor 150 Jahren jedoch betrachtete man Kinderarbeit als selbstverständlich. […]
Die Arbeitszeit für Kinder betrug durchschnittlich 10 bis 15 Stunden. In vielen Betrieben mussten Kinder Arbeit tun, für die Erwachsene zu groß waren, z. B. den Schornstein reinigen oder in Bergwerksschächten die Kohlenwagen schieben. Oft saßen kleinste Kinder von vier oder fünf Jahren 12 Stunden lang täglich im Dunkeln, um die Schachttüren vor den Kohlenwagen zu öffnen und, wenn diese vorbei waren, wieder zu schließen. Viele Kinder erkrankten bei solch harter Arbeit.
Selbstverständlich blieb die Schulbildung dieser Kinder schlecht. […]
Einsichtige Politiker, die versuchten, die Kinderarbeit einzuschränken,

stießen auf Widerstand. Viele Fabrikherren [...] gaben vor, sie seien Wohltäter, wenn sie Kinder beschäftigten; denn hierdurch würden die Kinder zu „ordentlichen Arbeitern" erzogen und müssten nicht mehr betteln gehen.
Die Lage mancher Arbeiterkinder besserte sich ein wenig, als Regierungen erste Gesetze zum Schutze der Kinder erließen. Das geschah z. T. auch deshalb, weil die Kinderarbeit einen schlechten Gesundheitszustand der Rekruten zur Folge hatte. So bestimmte 1839 ein Gesetz in Preußen:
„Ein Kind unter zehn Jahren darf nicht in einer Fabrik arbeiten. Jedes Arbeiterkind soll einen dreijährigen Schulbesuch nachweisen können. Die Höchstarbeitszeit für Kinder beträgt zehn Stunden am Tage. Zwischen diesen zehn Stunden sollen zwei Freistunden liegen, in denen Bewegung in freier Luft gewährt werden soll."
Im Jahr 1853 verbot die preußische Regierung die Fabrikarbeit für Kinder unter zwölf Jahren. In der Heimarbeit und in der Landwirtschaft konnten Kinder jedoch noch viele Jahrzehnte beschäftigt werden.

2 Formuliere zu den Fragen in der Randspalte übergeordnete Aspekte.

3 Lege in deinem Heft eine Tabelle an und ordne den Aspekten die Informationen des Textes zu.

4 Lies einen weiteren Text zum Thema „Kinderarbeit" und prüfe, welche Aspekte er enthält.

Kinderarbeit in der Geschichte

Aspekte:

[...] Die im Kapitalismus aufkommende massenhafte Kinderarbeit in Manufaktur, Verlag und Fabrik erfolgte im Gegensatz zu früher getrennt von der Familie. Der Verbreitung der Kinderarbeit in diesem Bereich kam entgegen, dass mit der Industrialisierung Produktionsprozesse und Fertigungsverfahren aufkamen, für die Kinder nicht nur ohne jegliche Ausbildung eingesetzt werden konnten, sondern für die sie wegen der erforderlichen Fingerfertigkeit (z. B. in der Spinnerei) als prädestiniert angesehen wurden. Neben der Kinderarbeit in Fabriken und Bergwerken (mit extrem schweren und gefährlichen Arbeitsbedingungen) war Kinderarbeit weiterhin verbreitet im Handwerk, bei sonstiger gewerblicher Beschäftigung, in häuslichen Diensten, bei Botendiensten, im Handel, in der Gast- und Schankwirtschaft und im großen Umfang in der Landwirtschaft.

Erst allmählich konnte ein Verbot der Kinderarbeit in Deutschland und anderen Industrieländern durchgesetzt werden. Dafür waren mehrere Gründe ausschlaggebend: 1) Die negativen Auswirkungen der Kinderarbeit auf den Gesundheitszustand der Bevölkerung aufgrund von Arbeitsunfällen und chronischen Gesundheitsschäden sowie einer hohen Kindersterblichkeit unter Kinderarbeitern wurden bereits von den Fabrikinspektoren (Vorläufer der Gewerbeaufsicht) bestätigt. 2) Die technische Entwicklung führte dazu, dass Kinder den erhöhten Qualifikationsanforderungen in der Produktion nicht mehr genügten. 3) In der Durchsetzung der Schulpflicht wurden Gesetze erreicht, die einen zumindest prinzipiell nicht von Kinderarbeit gestörten Schulbesuch ermöglichten. 4) Die mit der Erwachsenenbeschäftigung konkurrierende Kinderarbeit wurde von der erstarkenden Arbeiterbewegung zunehmend politisch bekämpft.

Kinder bei der Fertigung von Zigarrenkisten

In Preußen wurde 1839 ein erster gesetzlicher Kinderarbeitsschutz geschaffen, um die gravierendsten Auswirkungen des Raubbaus an kindlicher Arbeitskraft einzudämmen. Die regelmäßige Kinderarbeit in Fabriken, Berg-, Hütten- und Pochwerken von Kindern unter neun Jahren wurde verboten, die Arbeit der Neun- bis unter Sechzehnjährigen auf zehn Stunden (zwischen 5 Uhr morgens und 9 Uhr abends) beschränkt, Nacht- und Sonntagsarbeit für diese Altersgruppe verboten. Mangelnde Überwachung und besonders die materielle Not der Familien verhinderten allerdings eine Eindämmung der Kinderarbeit, sodass der preußische Staat die gesetzlichen Maßnahmen verschärfte und Fabrikarbeit seit 1855 nur noch ab dem zwölften Lebensjahr erlaubte.

5 Notiere alle Aspekte, die der Text enthält, am Textrand. Ergänze anschließend neue Aspekte und weitere Informationen in deiner Tabelle aus Aufgabe 3.

Überprüfung

1 Ordne Aspekte und Informationen einander zu. Schreibe dazu jeweils die passende Zahl in die Klammer.

Aspekte:

1. Vorteile der Kinderarbeit für Arbeitgeber
2. Arbeitsbedingungen
3. Nachteile und Folgen der Kinderarbeit für Kinder
4. Kinderarbeitsschutz

Informationen:

a) Heute ist bei uns Kinderarbeit in der Fabrik verboten. ( )

b) Die Arbeitszeit betrug durchschnittlich 10–15 Stunden. ( )

c) Selbstverständlich blieb die Schulbildung dieser Kinder schlecht. ( )

d) In vielen Betrieben mussten Kinder Arbeiten übernehmen, für die Erwachsene zu groß waren. Viele Kinder erkrankten bei solch harter Arbeit. ( )

e) Oft saßen kleinste Kinder von vier oder fünf Jahren 12 Stunden lang täglich im Dunkeln, um die Schachttüren vor den Kohlenwagen zu öffnen. ( )

f) Kinder waren ebenso billige – wie aufgrund ihrer Not – willige Arbeitskräfte. ( )

g) In der Durchsetzung der Schulpflicht wurden Gesetze erreicht, die einen zumindest prinzipiell nicht von der Kinderarbeit gestörten Schulbesuch ermöglichten. ( )

h) Kinder konnten ohne jegliche Ausbildung eingesetzt werden. ( )

2 Kreuze an, welche Punkte durch das preußische Kinderarbeitsschutzgesetz von 1839 geregelt wurden. Beziehe dich dabei auf beide Texte.

☐ Mindestalter der Kinder für Arbeitseinsatz

☐ Verbot von Nacht- und Sonntagsarbeit

☐ Höchstarbeitszeit

☐ Ferienzeit

☐ Verbot der Kinderarbeit in bestimmten Arbeitsbereichen

☐ Mindestlohn

3

- Informationen zielgerichtet entnehmen, ordnen, vergleichen, prüfen
- begründete Schlussfolgerungen ziehen
- aktiv lesen

Unterschiedliche Positionen erkennen und ordnen

Kurzbeschreibung
Texte, die über ein strittiges Thema informieren, stellen häufig **unterschiedliche Positionen** vor. Wenn du diese Positionen erkennst und übersichtlich ordnest, kannst du sie für eine eigene Diskussion zum Thema nutzen.

Vorbereitung

Wiederhole, was du über Tatsachen, Meinungen und Argumente gelernt hast.

Unterschiedliche Positionen erkennen und ordnen

1. Schritt
► Lies dir den Text durch und kläre, welches Thema er behandelt.

2. Schritt
► Überlege unabhängig vom Text, welche Positionen das Thema zulässt.

3. Schritt
► Unterstreiche alle Positionen, die im Text zu Wort kommen.

4. Schritt
► Ordne die Positionen des Textes nach Pro und Kontra.

Funktion

Die Gegenüberstellung unterschiedlicher Positionen hilft dir dabei, eine eigene Meinung zu einem strittigen Thema zu entwickeln.
In einer Diskussion kannst du deine Meinung vertreten und begründen.

Beispiel

1 Lies den folgenden Text.

Nora von Westphalen

Models bitte auf die Waage

Um Mager-Models von der Madrider Modewoche auszuschließen, wird jede Teilnehmerin auf die Waage gestellt. Wer zu dünn ist, fliegt. Und das könnte nur der Anfang eines Kreuzzugs gegen die Modeindustrie sein.

Während auf der Modewoche in New York wie immer zerbrechlich zarte Mädchen über die Laufstege schwebten, kommen aus Madrid neue Töne: Zu dünne Models werden dieses Jahr vom Catwalk verbannt. Über 30 Prozent der Models, die im vergangenen Jahr noch auf der „Pasarela Cibeles" die neuesten Modekreationen vorstellten, dürfen nicht mehr auf den Laufsteg.

Die Direktorin der Madrider Modewoche, Cuca Solana, tut am Telefon, als erstaune sie das weltweite Medienecho. Die Entscheidung, zu dünne Models von den Shows auszuschließen, habe rein gar nichts mit Vorgaben der spanischen Regierung zu tun. Die Entscheidung kam von der Modewoche selbst. Ihre Hauptkriterien bei der Modelauswahl seien immer noch große, schlanke und hübsche Mädchen. Nur Skelette würde man eben ablehnen – auch aus ästhetischen Gründen. [...] Riccardo Gay, Chef der Modelagentur, die in Mailand auch Naomi Campbell vertritt, sagte dazu: „Mit derartigen Regeln müssten wir 80 Prozent der Models vom Laufsteg schicken. [...]" Seiner Meinung nach werde das Thema übertrieben. „Mir geht es gut. Ich bin gesund. Ich esse", beteuert auch das erfolgreiche britische Model Lilly Cole (18).

Pro: Direktorin der Modewoche: Zu dünne Models werden aus ästhetischen Gründen ausgeschlossen.

Kontra: Chef der Modelagentur: 80 % der Models sind dünn.

Kontra: Model: dünn trotz normalem Essverhalten

In der Mode- und Modelwelt scheint einiges in Bewegung zu geraten: Schon im April sagte Spaniens Gesundheitsministerin Elena Salgado der schlankheitsfanatischen Modeindustrie den Kampf an. [...] „Die Models auf den Laufstegen und die kleinen Größen in den Geschäften begünstigen die Mode der extrem dünnen Figuren", ärgert sich die zierliche blonde Gesundheitsministerin Salgado. „Dabei kann die Mehrheit der Frauen dies nie erreichen, sie schaden nur ihrer Gesundheit." Das spanische Gesundheitsministerium schätzt, dass bereits über eine Million Spanierinnen magersüchtig sind. Schuld seien eben auch die falschen Vorbilder. Wenn die Durchschnittsspanierin Größe 40 bis 42 trägt, warum muss man sie dann täglich mit mageren Schaufensterpuppen in Größe 36 konfrontieren? [...]

Pro: Gesundheitsministerin: Dünne Models sind schlechte Vorbilder; normale Frauen eifern einem unerreichbaren Ideal nach und werden krank.

Kontra: Sprecher einer Modelagentur: Dünne Models bringen mehr Profit.

Kontra: Schlankheit wird mit Erfolg in Verbindung gebracht.

Auf die Selbstheilungskräfte der Branche ist aber nicht zu hoffen: „Werbung, Magazine und Agenturen liefern das Bild, das die Kunden sehen wollen", sagt etwa ein Sprecher der Modelagentur Premier. „Statistiken haben mehrmals bewiesen, dass ein hübsches, schlankes Mädchen auf dem Titel die Auflagen steigert." Hollywood-Stars, Models und Sängerinnen leben es täglich vor. Erfolgreich ist, wer schlank ist. Superschlank. Auf den Klatschseiten tummeln sich weiter die „Skeletor Sisters" wie Nicolie Richie und Lindsay Lohan. […] Die resolute Señora Salgado hat also noch viel zu tun.

2 Formuliere das Thema des Artikels in einem Satz.

3 Überlege unabhängig vom Text, welche Positionen das Thema zulässt.

1. Position: Zu dünne Models sollten von Modepräsentationen ausgeschlossen werden, weil sie ein schlechtes Vorbild sind.

2. Position: Dünne Models sollten nicht von Modepräsentationen ausgeschlossen werden, weil sie den Verkauf von Mode und Magazinen steigern.

4 Unterstreiche alle Positionen, die im Text zu Wort kommen.
Notiere am Textrand, ob es sich um eine Pro- oder um eine Kontraposition handelt, und fasse sie kurz zusammen.

5 Ordne die Positionen nach Pro und Kontra und ergänze die Zeilenangaben.

Pro Ausschluss zu dünner Models		**Kontra** Ausschluss zu dünner Models	
Zeile	Inhalt	Zeile	Inhalt
	1. Ästhetische Gründe: Skelette sehen nicht ansprechend aus. *2. Dünne Models sind schlechte Vorbilder. Wenn normale Frauen fasten, um genauso dünn zu werden, schaden sie nur ihrer Gesundheit.*		*1. Fast alle Models sind dünn, auch wenn sie normal essen.* *2. Wirtschaftliche Gründe: Dünne Models bringen mehr Profit.* *3. Man verbindet Schlankheit mit Erfolg.*

Aufgabe

1 Lies den folgenden Text.

Mareile Grimm

Manege frei für Magermodels

In Madrid mussten die Models vor den Modenschauen vor zwei Wochen wie Jockeys vor dem Pferderennen zum Wiegen antreten – nun schaute die Modewelt voller Spannung, ob Mailand nach der hitzig geführten Diskussion um angebliche „Skelett-Körper“ ebenfalls zu drastischen Kontrollmaßnahmen greifen würde. „Für uns gibt es keine Veranlassung, unsere Models zum Extra-Wiegen zu schicken“, sagt Guido Dolci, Präsident der [...] Vereinigung der italienischen Modelagenturen. [...] Bereits seit mehreren Jahren sei es Praxis, die Mädchen nur mit einer ärztlichen Bescheinigung, einem Schulnachweis und bei Minderjährigen mit Begleitschutz eines Elternteils zu Fotojobs oder Modenschauen zu schicken. [...] „Man kann nicht allein anhand von Körpergröße und Gewicht entscheiden, ob ein Mädchen gesund ist oder nicht. Es kommt auf den Knochenbau, die Muskulatur, Haut und Haare, eben ihre gesamte Erscheinung an. Und die prüfen wir sehr genau, bevor wir Models hier arbeiten lassen.“ Wäre man in der Vergangenheit den Vorgaben der spanischen Mode-Verantwortlichen gefolgt, hätten nicht einmal Supermodels wie Kate Moss, Naomi Campbell oder Gisele Bündchen die internationalen Laufstege betreten dürfen. Sie alle besitzen einen Body-Mass-Index von unter 18 – dem Schlankheitsquotienten, der in Madrid vor zwei Wochen zum Ausschluss zahlreicher Models geführt hatte. [...]

Letizia Moratti, die Bürgermeisterin von Mailand, sieht das Problem jedoch in einem größeren, gesellschaftlichen Kontext: „Models sind Vorbilder für viele junge Menschen. Es ist Zeit, dass wir der Öffentlichkeit eine gesündere Variante der Weiblichkeit präsentieren.“ Bis eine Gesetzesvorlage erarbeitet sei, hoffe man auf die Einsicht der Designer und der Industrie, um die Jugend zu schützen.

Und was sagen [...] Modeschöpfer, die ihre Kleider für den Laufsteg zumeist in Größen produzieren, die später selten in den Läden hängen? Sie [...] wollen von einem echten Problem nichts wissen. [...]

Selbst Stefano Gabbana vom Duo Dolce & Gabbana, der am Montag [...] sexy Klamotten an auffallend dünnen Mädchen zeigte, weist den Vorwurf zurück, er beschäftige magersüchtige Models. „Die Mädchen, die für uns arbeiten, sind von Natur aus dünn. Das kann man ihnen

nicht vorwerfen, das wäre diskriminierend. Ich habe einige anorektische Freundinnen und weiß, wie krankhaft dünne Menschen aussehen. Professionelle Models ernähren sich ganz normal – andernfalls würden sie ihre Jobs gar nicht überstehen."
ASSEM-Präsident Guido Dolci ist sich sicher: „Diese Fake-Diskussion wird nach den Schauen ganz schnell wieder abebben. Durch diese künstlich ins Leben gerufene Debatte hat ein selbst ernannter Modestandort in Spanien plötzlich so viel PR wie nie zuvor bekommen. Hier in Mailand haben wir kein Problem mit krankhaft dünnen Models!"

2 Formuliere das Thema des Artikels in einem Satz.

3 Überlege unabhängig vom Text, welche Positionen das Thema zulässt.

4 Unterstreiche alle Positionen, die im Text zu Wort kommen.
Notiere am Textrand, ob es sich um eine Pro- oder um eine Kontraposition handelt, und fasse sie kurz zusammen.

5 Ordne die Positionen nach Pro und Kontra und ergänze die Zeilenangaben.
Schreibe in dein Heft.

Überprüfung

1 Ordne die folgenden Aussagen der Pro- oder der Kontraposition zu.
Orientiere dich dafür an der Kernfrage:
„Sollten zu dünne Models von den Modenschauen ausgeschlossen werden?"

Aussagen	Pro	Kontra
1. „Dünne Models sehen einfach besser aus als fülligere."	☐	☐
2. „Dünn ist zwar schön, aber es gibt eine Grenze, die nicht überschritten werden darf."	☐	☐
3. „Mode ist Kunst, sie kann sich nicht am Durchschnitt orientieren, sondern sollte sich so präsentieren dürfen, wie sie will."	☐	☐
4. „Als Modeschaffender habe ich eine Verantwortung meinem Publikum gegenüber. Ich darf es nicht zu ungesundem Verhalten verleiten."	☐	☐
5. „Die Gesundheit der Models liegt mir am Herzen, und es gibt kaum Menschen, die gesund sind und einen BMI unter 18 haben."	☐	☐
6. „Dünne Models bedeuten nicht gleich, dass Mädchen magersüchtig werden. Jeder Mensch ist doch schließlich selbst verantwortlich für sein Tun."	☐	☐
7. „Magersucht ist ein viel zu komplexes Krankheitsbild, um von Modefotos ausgelöst zu werden."	☐	☐
8. „Wir Models bringen uns fast um, um ein Bild von uns zu gestalten, das wir selbst kaum erfüllen können. Das ist kein Leben!"	☐	☐
9. „Ich persönlich sehe darin eine ganz klare Diskriminierung, die unter das EU-weite Antidiskriminierungsgesetz fällt: berufliche Benachteiligung aufgrund körperlicher Merkmale. Kommt als nächstes Laufstegverbot für Linkshänder oder Tätowierte?"	☐	☐
10. „Die westliche Welt leidet unter massiver Verfettung, während Magersucht zahlenmäßig dagegen keinerlei Rolle spielt."	☐	☐

4

- nichtlineare Texte verstehen
- Einzelinformationen aus Diagrammen zielgerichtet entnehmen, vergleichen und prüfen
- Informationen verschiedener Diagramme verknüpfen und Ergebnisse formulieren

Informationen aus Diagrammen verknüpfen

Kurzbeschreibung
Diagramme stellen Größenverhältnisse oder Entwicklungen zeichnerisch dar. Wenn du zu einem bestimmten Thema mehrere Diagramme auswertest, kannst du die **Informationen der Diagramme miteinander verknüpfen** und kritisch hinterfragen.

Vorbereitung

Wiederhole, was du über die Auswertung von Diagrammen gelernt hast:

1. Orientierung
- ► Bestimme die Art und das Thema des Diagramms; lies die Angaben auf der x- und der y-Achse.

2. Beschreibung
- ► Beschreibe Einzelaussagen und verknüpfe sie zu einer Gesamtaussage.

3. Auswertung
- ► Gewichte die Informationen: Welche Angaben sind auffällig?
- ► Formuliere offene Fragen.

Informationen aus Diagrammen verknüpfen

1. Schritt
- ► Mache dir mit Hilfe der Schritte Orientierung, Beschreibung und Auswertung klar, welche Informationen das erste Diagramm enthält.

2. Schritt
- ► Mache dir mit Hilfe der Schritte Orientierung, Beschreibung und Auswertung klar, welche Informationen das zweite Diagramm enthält.

3. Schritt
Verknüpfe die Informationen aus beiden Diagrammen:
- ► Welche neuen Aspekte beleuchtet das zweite Diagramm?
- ► Stimmen die Informationen der beiden Diagramme überein oder gibt es Abweichungen?

Funktion

In Diagrammen werden auf Zahlen basierende Informationen zusammengefasst und veranschaulicht. Wenn du mehrere Diagramme zu einem Thema auswertest, erhältst du eine Vielzahl von Informationen, die du z. B. in einem Referat verarbeiten kannst.

Beispiel

1 Erschließe das Diagramm mit Hilfe der Schritte Orientierung, Beschreibung und Auswertung.

Bindung an Medien 2005

Am wenigsten verzichten kann ich auf …

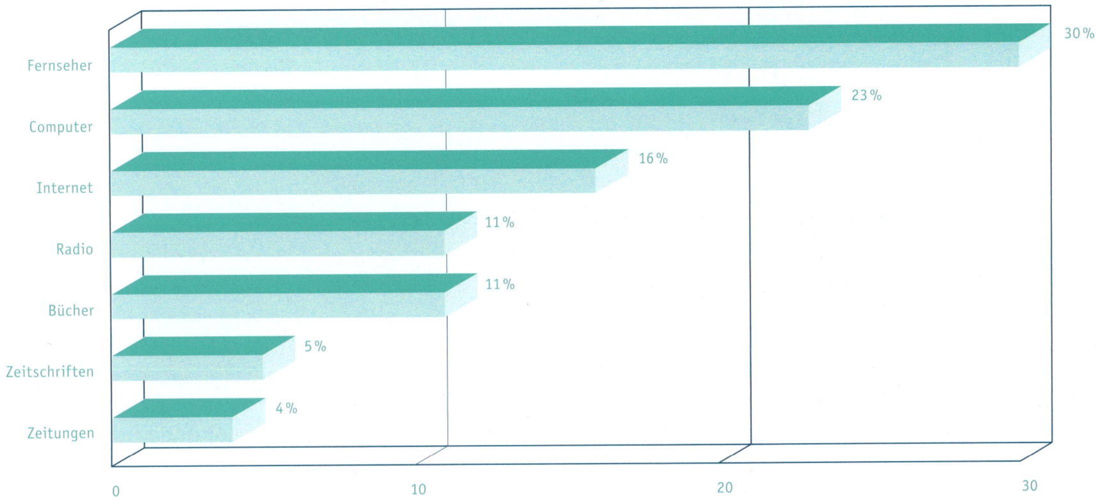

__1. Schritt: Orientierung__

Art des Diagramms: Balkendiagramm

Thema des Diagramms: Medienbindung von Jugendlichen

Angaben auf der x-Achse: Zahl der Jugendlichen in Prozent

Angaben auf der y-Achse: verschiedene Medien

__2. Schritt: Beschreibung__

Für etwa ein Drittel der Jugendlichen ist das Fernsehen am wichtigsten, für ein knappes Viertel der Computer. Während 16 % das Internet unentbehrlich finden, könnten 11 % nicht auf das Radio und ebenso viele nicht auf Bücher verzichten. Am unwichtigsten sind den Jugendlichen Zeitschriften (5 %) und Zeitungen (4 %).

__3. Schritt: Auswertung__

Besonders auffällig ist, dass die Printmedien (Bücher, Zeitschriften, Zeitungen) für die Jugendlichen deutlich weniger wichtig sind als die so genannten neuen Medien.

Offene Fragen:

- *Warum nutzen die Jugendlichen Fernsehen und Computer am meisten?*
- *Gelten die Ergebnisse für Mädchen und Jungen gleichermaßen?*
- *Gibt es andere Faktoren, die die Mediennutzung bestimmen (z. B. Alter oder Schulbildung)?*

2 Erschließe das zweite Diagramm in deinem Heft. Gehe vor wie im Beispiel (Seite 23).

Bindung an Medien 2005

Am wenigsten verzichten kann ich auf …

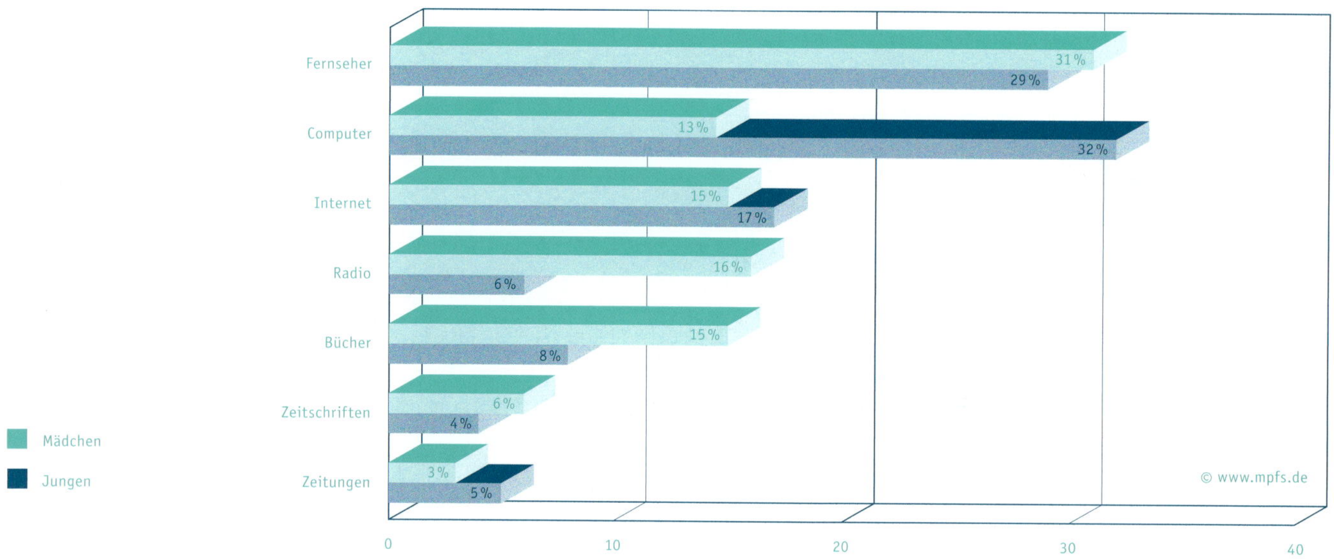

3 Verknüpfe die Informationen aus beiden Diagrammen.

a) Welchen neuen Aspekt stellt das zweite Diagramm dar?

Die Ergebnisse werden nach Geschlechtern differenziert dargestellt.

b) Prüfe, ob die Informationen der Diagramme übereinstimmen.

Ja, die Durchschnittswerte im zweiten Diagramm entsprechen den Gesamtergebnissen im ersten Diagramm (z. B. Fernsehen: 31 % Mädchen + 29 % Jungen entsprechen 30 % der Jugendlichen insgesamt).

Aufgabe

1 Erschließe das Diagramm mit Hilfe der Schritte Orientierung, Beschreibung und Auswertung. Arbeite in deinem Heft.

Würde bei widersprüchlicher Berichterstattung am ehesten vertrauen auf …

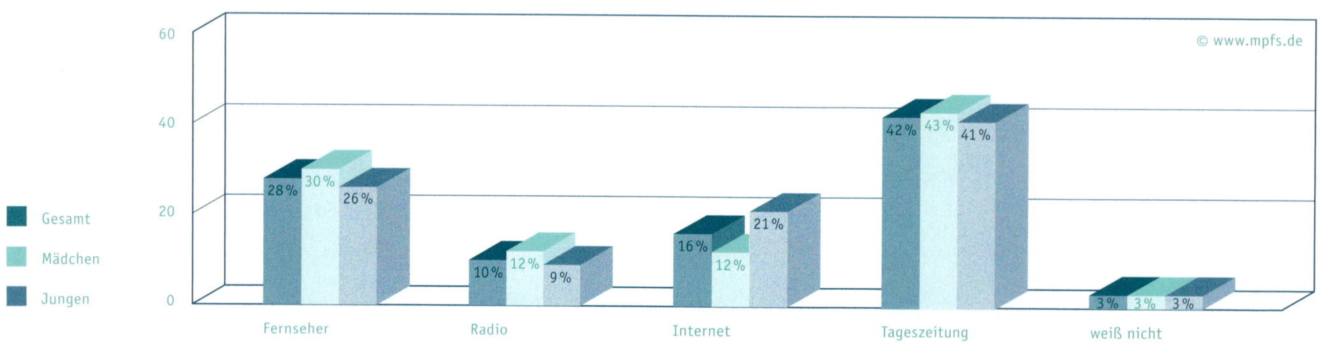

2 Erschließe das zweite Diagramm mit Hilfe der Schritte Orientierung, Beschreibung und Auswertung. Arbeite in deinem Heft.

Würde bei widersprüchlicher Berichterstattung am ehesten vertrauen auf…

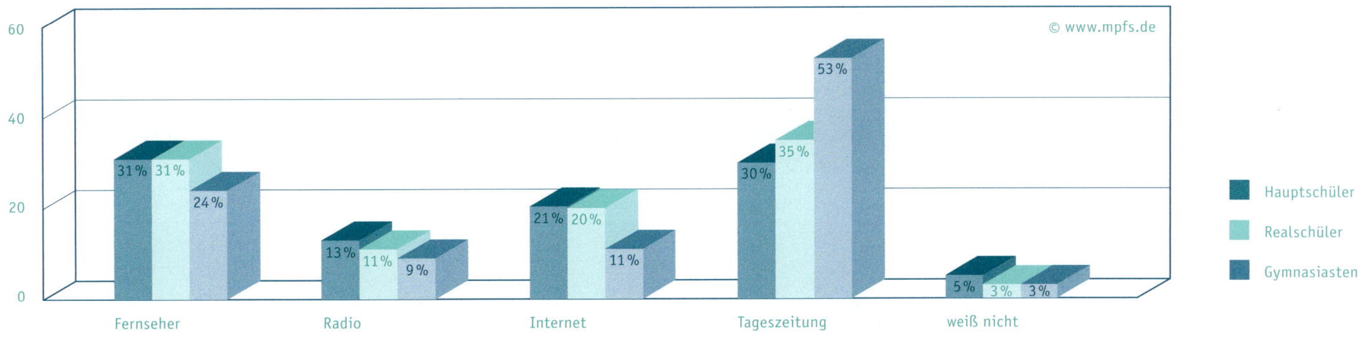

3 Verknüpfe die Informationen aus beiden Diagrammen.

a) Welchen neuen Aspekt stellt das zweite Diagramm dar?

____

____

____

____

____

____

b) Prüfe, ob die Informationen der Diagramme übereinstimmen.

____

____

____

____

____

____

4 Verknüpfe die Informationen der beiden Diagramme zur Glaubwürdigkeit der Medien (Seite 24 und 25) mit denen zur Medienbindung (Seite 23 und 24). Achte dabei besonders auf die Angaben zur Tageszeitung. Was fällt auf? Arbeite in deinem Heft.

Überprüfung

1 Kreuze die richtigen Aussagen an. Du musst dazu neben dem folgenden Diagramm auch die Diagramme auf den Seiten 24 (unten) und 25 heranziehen.

Würde bei widersprüchlicher Berichterstattung am ehesten vertrauen auf…

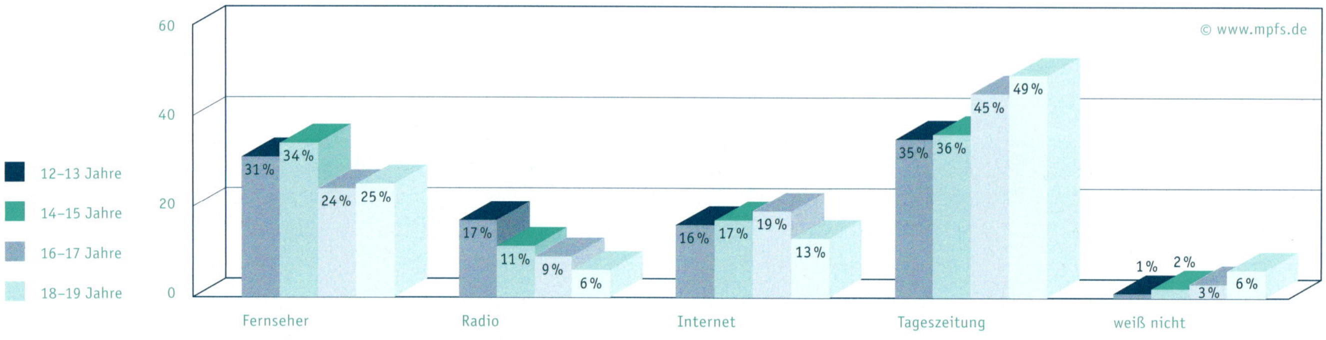

Was trifft zu?

☐ Je älter die Jugendlichen werden, desto glaubwürdiger erscheint ihnen die Tageszeitung.

☐ Je älter die Jugendlichen werden, desto glaubwürdiger erscheint ihnen das Radio.

☐ Die unter 16-Jährigen halten Tageszeitung und Fernsehen in gleichem Maße für glaubwürdig.

☐ Die über 16-Jährigen halten Tageszeitung und Fernsehen in gleichem Maße für glaubwürdig.

☐ Die Glaubwürdigkeit des Internets nimmt zu, je älter die Jugendlichen werden.

☐ Die Glaubwürdigkeit des Internets hängt offenbar eher vom Geschlecht als vom Alter ab.

☐ Hauptschüler vertrauen dem Fernsehen ungefähr genauso wie der Tageszeitung.

☐ Bei älteren Hauptschülern nimmt das Vertrauen in das Fernsehen deutlich ab.

- wesentliche Elemente eines Textes erfassen
- sprachliche Gestaltungsmittel in ihren Wirkungszusammenhängen erkennen
- zentrale Inhalte erschließen
- Fragen und Arbeitshypothesen formulieren
- eigene Deutungen des Textes entwickeln

5

Literarische Texte lesen: Parabeln verstehen

Kurzbeschreibung

Parabeln stehen in der Tradition lehrhaften und veranschaulichenden Erzählens. Sie sind meist von geringem Umfang und versuchen den Leser anhand eines konkreten Beispiels zum Nachdenken über eine allgemeine Erkenntnis oder Verhaltensregel anzuregen.

Vorbereitung

Wiederhole, wie du bei der Erschließung literarischer Texte vorgehst:

► Notiere deinen ersten Leseeindruck.

► Untersuche den Text:
- Zeit und Ort
- Personen
- Handlung
- Erzählperspektive
- Sprache

► Deute den Text. Arbeite dabei mit Zitaten.

Literarische Texte lesen: Parabeln verstehen

1. Schritt
Wie wirkt der Text auf dich?
► Notiere deine Eindrücke.

2. Schritt
► Lies den Text ein zweites Mal. Markiere Wichtiges und notiere Anmerkungen am Textrand.

3. Schritt
► Welche Deutungshinweise enthält der Text? Untersuche:
- Zeit und Ort
- Personen/Personenkonstellationen
- Handlung
- Erzählperspektive
- sprachliche Mittel

4. Schritt
► Deute den Text:
- Wofür könnte das Beispiel (die konkrete Handlung) stehen?
- Welche allgemeine Erkenntnis oder Verhaltensregel wird vermittelt?

► Belege deine Deutung mit passenden Textstellen.

Funktion

Parabeln treffen ihre Aussagen nicht direkt, sondern indirekt. Du als Leser musst anhand eines Beispiels selbst herausfinden, worum es in der Parabel eigentlich geht. Wenn du lernst, wie man Parabeln erschließt, hilft dir das auch bei der Erschließung und Deutung anderer Textsorten.

Beispiel

1 Lies den Text. Wie wirkt er auf dich? Notiere deinen ersten Eindruck.

Bertolt Brecht

Maßnahmen gegen die Gewalt

Als Herr Keuner, der Denkende, sich in einem Saale vor vielen gegen die Gewalt aussprach, merkte er, wie die Leute vor ihm zurückwichen und weggingen. Er blickte sich um und sah hinter sich stehen – die Gewalt. „Was sagtest du?" fragte ihn die Gewalt. „Ich sprach mich für die Gewalt aus", antwortete Herr Keuner.

Als Herr Keuner weggegangen war, fragten ihn seine Schüler nach seinem Rückgrat. Herr Keuner antwortete: „Ich habe kein Rückgrat zum Zerschlagen. Gerade ich muß länger leben als die Gewalt."

Und Herr Keuner erzählte folgende Geschichte: In die Wohnung des Herrn Egge, der gelernt hatte, nein zu sagen, kam eines Tages in der Zeit der Illegalität ein Agent, der zeigte einen Schein vor, welcher ausgestellt war im Namen derer, die die Stadt beherrschten, und auf dem stand, daß ihm gehören solle jede Wohnung, in die er seinen Fuß setzte; ebenso sollte ihm auch jedes Essen gehören, das er verlange; ebenso sollte ihm auch jeder Mann dienen, den er sähe.

Der Agent setzte sich in einen Stuhl, verlangte Essen, wusch sich, legte sich nieder und fragte mit dem Gesicht zur Wand vor dem Einschlafen: „Wirst du mir dienen?" Herr Egge deckte ihn mit einer Decke zu, vertrieb die Fliegen, bewachte seinen Schlaf, und wie an diesem Tage gehorchte er ihm sieben Jahre lang. Aber was immer er für ihn tat, eines zu tun hütete er sich wohl: Das war, ein Wort zu sagen. Als nun die sieben Jahre herum waren und der Agent dick geworden war vom vielen Essen, Schlafen und Befehlen, starb der Agent. Da wickelte ihn Herr Egge in die verdorbene Decke, schleifte ihn aus dem Haus, wusch das Lager, tünchte die Wände, atmete auf und antwortete: „Nein."

R

Beispiel zu Aufgabe 2:

Herr Keuner ist gegen die Gewalt.
Die Leute haben Angst vor der Gewalt.
Ändert Herr Keuner seine Meinung?
Schüler halten Herrn Keuner für feige.
Der Klügere gibt nach!
Herr Keuner erklärt sein Verhalten.
Herr Egge kann sich wehren.
Herr Egge lebt in einer Art Diktatur.
Willkür
Herr Egge tut, was der Agent verlangt, passt sich äußerlich an.
Spricht nicht!
Herr Egge wehrt sich, nachdem die Gefahr vorüber ist.

Mein erster Eindruck:

____

____

____

2 Markiere wichtige Textstellen. Notiere am Textrand kurze Zusammenfassungen, Anmerkungen und Fragen.

3 Erschließe den ersten Teil der Geschichte (Zeile 1–8), indem du deine Beobachtungen zu den folgenden Punkten in die Tabelle einträgst.

Zeit und Ort:	*unbestimmte Zeit; in einem Saal*
Personen:	*Herr Keuner, „der Denkende"; Leute (Zuhörer); die Gewalt (wird als Person dargestellt), Schüler Herrn Keuners*
Handlung:	*Herr Keuner spricht sich gegen die Gewalt aus, weicht dann aber selbst vor der Gewalt zurück und verändert seine Aussage ins Gegenteil. Vor seinen Schülern, die ihn nach seinem Rückgrat fragen, begründet er dies damit, dass gerade* ***er*** *die Gewalt überleben müsse.*
Erzählperspektive:	*neutraler Erzähler*
Sprache:	*ungewöhnliche Satzstellung im zweiten Satz, wodurch die Gewalt betont wird; die Gewalt wird personifiziert, direkte Rede im Gespräch mit der Gewalt und mit den Schülern*

4 Formuliere eine erste Hypothese zur Deutung dieses Abschnitts:

Herr Keuner sagt seine Meinung vor anderen, d. h. er leistet Widerstand, aber nicht um jeden Preis. Er passt sich an, um zu überleben.
Aussage: Manchmal ist es besser, in großer Gefahr nachzugeben, damit man sich später wehren kann.

5 In der Fortsetzung erzählt Herr Keuner eine Geschichte, die sein Verhalten begründen soll. Erschließe die Fortsetzung des Textes (Seite 9–26), indem du die Tabelle ausfüllst.

Zeit und Ort:	*„Zeit der Illegalität"; Wohnung des Herrn Egge*
Personen:	*Herr Egge, „der gelernt hatte, nein zu sagen"; ein Agent, der für die Machthaber der Stadt arbeitet*
Handlung:	*Der Agent erscheint in der Wohnung des Herrn Egge, zeigt einen Schein vor, nimmt die Wohnung, das Essen und die Dienste des Herrn Egge für sich in Anspruch. Herr Egge beantwortet die Frage des Agenten, ob er ihm dienen wolle, nicht, tut aber alles, was der Agent will. Er dient dem Agenten sieben Jahre lang, ohne ein Wort zu sprechen. Als der Agent stirbt, beseitigt Herr Egge ihn, reinigt die Wohnung und sagt „Nein."*
Erzählperspektive:	*neutraler Erzähler*
Sprache:	*viele Aufzählungen; Herrn Egges Schweigen wird durch den Doppelpunkt betont; direkte Rede nur in der Frage „Willst du mir dienen?" und in der Antwort „Nein"; das „Nein" wird als letztes Wort besonders hervorgehoben.*

6 Formuliere eine erste Hypothese zur Deutung dieses Textteils.

Herr Egge unterwirft sich der Gewalt, ohne sich ausdrücklich zu ihr zu bekennen. Sein Schweigen ist die Freiheit, die er sich bewahrt. Er sagt das entscheidende „Nein“ erst, als die Gefahr vorüber ist.

7 Welche Erkenntnis oder allgemeine Verhaltensregel trifft den Inhalt der Parabel am besten? Kreuze an und begründe in deinem Heft.

☐ A. Herr Egge und Herr Keuner passen sich an, um ihr Leben zu retten.

☐ B. Passiver Widerstand und überlegtes Handeln sind angesichts einer Übermacht sinnvoller als eine gewaltsame Gegenwehr.

☐ C. Gewaltsame Machtausübung kann Menschen so sehr einschüchtern, dass sie nicht wagen, sich zu widersetzen.

Aufgabe

1 Lies die Parabel „Eine kaiserliche Botschaft“ und notiere deinen ersten Eindruck.

Franz Kafka

Eine kaiserliche Botschaft

Der Kaiser – so heißt es – hat Dir, dem Einzelnen, dem jämmerlichen Untertanen, dem winzig vor der kaiserlichen Sonne in die fernste Ferne geflüchteten Schatten, gerade Dir hat der Kaiser von seinem Sterbebett aus eine Botschaft gesendet. Den Boten hat er beim Bett niederknien lassen und ihm die Botschaft ins Ohr geflüstert; so sehr war ihm an ihr gelegen, dass er sich sie noch ins Ohr wiedersagen ließ. Durch Kopfnicken hat er die Richtigkeit des Gesagten bestätigt. Und vor der ganzen Zuschauerschaft seines Todes – alle hindernden Wände werden niedergebrochen und auf den weit und hoch sich schwingenden Freitreppen stehen im Ring die Großen des Reichs –, vor allen diesen hat er den Boten abgefertigt. Der Bote hat sich gleich auf den Weg gemacht; ein kräftiger, ein unermüdlicher Mann; einmal diesen, einmal den andern Arm vorstreckend schafft er sich Bahn durch die Menge; findet er Widerstand, zeigt er auf die Brust, wo das Zeichen der Sonne ist; er kommt auch leicht vorwärts, wie kein anderer. Aber die Menge ist so groß; ihre Wohnstätten nehmen kein Ende. Öffnete sich freies Feld, wie würde er fliegen und bald wohl hörtest Du das herrliche Schlagen seiner Fäuste an Deiner Tür. Aber stattdessen, wie nutzlos müht er sich ab; immer noch zwängt er sich durch die Gemächer des innersten Palastes; niemals wird er sie überwinden; und gelänge ihm dies, nichts wäre gewonnen; die Treppen hinab müsste er sich kämpfen; und gelänge ihm dies, nichts wäre gewonnen; die Höfe wären zu durchmessen; und nach den Höfen der zweite umschließende Palast; und wieder Treppen und Höfe; und wieder ein Palast; und so weiter durch Jahrtausende; und stürzte er endlich aus dem äußersten Tor – aber niemals, niemals kann es geschehen –, liegt erst die Residenzstadt vor ihm, die Mitte der Welt, hochgeschüttet voll ihres Bodensatzes. Niemand dringt hier durch und gar mit der Botschaft eines Toten. – Du aber sitzt an Deinem Fenster und erträumst sie Dir, wenn der Abend kommt.

Mein erster Eindruck:

2 Markiere wichtige Textstellen. Notiere am Textrand kurze Zusammenfassungen, Anmerkungen und Fragen.

3 Lege in deinem Heft eine Tabelle an. Notiere stichpunktartig deine Beobachtungen zu **Zeit und Ort**, zu den **Personen**, zur **Handlung**, zur **Erzählperspektive** und zu **sprachlichen Besonderheiten**.

4 Formuliere eine erste Hypothese zur Deutung der Erzählung.

Überprüfung

1 Überprüfe dein Verständnis der Parabel „Eine kaiserliche Botschaft", indem du jeweils die zutreffende Aussage ankreuzt.

a) Die kaiserliche Botschaft ist bestimmt für ...
- ☐ den Leser der Parabel.
- ☐ die Großen des Reiches.
- ☐ den Boten.

b) Der Bote kann die Botschaft nicht übermitteln, weil ...
- ☐ er nicht alle Hindernisse auf dem Weg überwinden kann.
- ☐ er sich im Labyrinth der Gemäuer verirrt.
- ☐ er nicht schnell genug laufen kann.

c) Mit welchen Adjektiven wird der Bote charakterisiert?
- ☐ nutzlos
- ☐ kräftig und unermüdlich
- ☐ orientierungslos

d) Der Bote hätte sein Ziel erreicht, wenn ...
- ☐ er früher aufgebrochen wäre.
- ☐ er über freies Feld hätte fliegen können.
- ☐ er einen direkteren Weg gewählt hätte.

e) Der Einschub „so heißt es" (Z. 1) bedeutet, dass ...
- ☐ die Erzählung wahr ist.
- ☐ es vielleicht gar keine kaiserliche Botschaft gibt.
- ☐ es um die Verbreitung von Lügen geht.

f) Der Konjunktiv in den Zeilen 15 ff. steht für ...
- ☐ die Unmöglichkeit, das Ziel zu erreichen.
- ☐ den Traum des Untertanen.
- ☐ die Anhäufung der Hindernisse.

g) Der Adressat der Botschaft wird beschrieben als ...
- ☐ passiv.
- ☐ bedeutend.
- ☐ ahnungslos.

h) In der Parabel geht es um ...
- ☐ Anpassung und Widerstand.
- ☐ die Frage nach der Existenz Gottes und nach dem Sinn des Lebens.
- ☐ zwischenmenschliche Kommunikation.

- zentrale Inhalte erschließen
- Fachbegriffe zur Erschließung von Literatur kennen und anwenden
- sprachliche Gestaltungsmittel analysieren
- eigene Deutungen des Textes entwickeln und am Text belegen
- Darstellungsmittel erkennen und ihre Wirkung einschätzen

6

Literarische Texte lesen: Gedichte und Bilder aufeinander beziehen

Kurzbeschreibung

Um Stimmungen, Gefühle und Gedanken zum Ausdruck zu bringen, wird in Gedichten häufig eine bildhafte Sprache verwendet. Mit ganz anderen Mitteln können Bilder dieselben Stimmungen und Gefühle darstellen. Wenn **Gedichte und Bilder** aus derselben Zeit stammen und einen ähnlichen Ideenhintergrund haben, lassen sie sich daher gut zueinander in Beziehung setzen.

Vorbereitung

Wiederhole Fachbegriffe, die du von der Gedicht- und der Bildanalyse kennst:

- ► Gedichtanalyse
  - Reimschema
  - Strophenform
  - sprachliche Bilder
  - Wortfelder
- ► Bildanalyse
  - Motiv
  - Bildaufbau
  - Darstellungsweise

Literarische Texte lesen: Gedichte und Bilder aufeinander beziehen

1. Schritt

Welche Gedanken löst das Gedicht bei dir spontan aus?

► Formuliere deinen ersten Eindruck.

2. Schritt

► Analysiere das Gedicht und arbeite seine Aussagen heraus.

3. Schritt

► Betrachte die Bilder genau. Welches passt deiner Ansicht nach besser zu dem Gedicht?

► Formuliere eine Begründung, in die du deine Bildanalyse (Motiv, Bildaufbau, Darstellungsweise) einbeziehst.

Funktion

Wenn du weißt, wie man Gedichte und Bilder analysiert, kannst du sie auch inhaltlich zueinander in Beziehung setzen. Dabei lernst du, dass man unterschiedliche Kunstformen miteinander vergleichen kann und dass es in bestimmten Zeitabschnitten oder Kunstepochen bevorzugte Themen und vorherrschende Gefühlslagen gibt.

Beispiel

Beispiel zu Aufgabe 2:

1 Lies den Text und formuliere spontan deinen Eindruck.

Ernst Wilhelm Lotz, 1914

Da sind die Straßen …

Da sind die Straßen weit und Licht-durchschrieen,
Hoch wölkt der Staub und breitet aus den Schein,
Durch den gehetzt Kolonnen Wagen fliehen
In violette Dunkelheit hinein.

Und Menschen, massenhaft und schwarz, durchstürmen
Die Straßen, vorgebeugt und frongebannt.
Und Feierabend läutet von den Türmen
Der Stadt, verloren, hoch und unerkannt.

Lärm stößt an Lärm. Schmerzhelle Klingeln schellen,
Zersägen das Gehör. Wagen mit Eisen
Erschüttern. Die Elektrische mit grellen
Schleiftönen nimmt die Kurve in den Gleisen.

Und meiner Nerven Netz, so fein besaitet,
Drin Perlen hängen aus dem ewigen Meer:
Es ist als Teppich in den Staub gebreitet,
Und grässlich wälzt der Tag sich drüberher.

Sprache/Form:

Vermischung von Seh- und Hörsinn; Personifikation

Alliteration
Zeilensprung

viele helle (grelle!) Vokale
Zeilensprünge
Wörter, die das Hören betreffen (läuten, schellen, Lärm, Klingeln, Gehör)

Perlen: Metapher
Vergleich
Personifikation

Form:

- *vier Strophen mit vier Versen*
- *Kreuzreim (a b a b)*
- *Jamben, Ausnahmen in der 3. Strophe*

Inhalt:

Ort: eine Stadt mit hektischem Verkehrstreiben und greller Beleuchtung

Die Menschen in der Stadt werden als Masse dargestellt, die von Arbeit unterdrückt wird.

Es herrscht ein hoher Geräuschpegel.

Das lyrische Ich befindet sich in dieser Stadt und reagiert gequält auf die Vorgänge.

Mein erster Eindruck:

___

___

___

2 Lies das Gedicht erneut und notiere am Textrand, was dir zu **Inhalt**, **Sprache** und **Form** auffällt.

3 Analysiere das Gedicht. Liste dazu deine Beobachtungen zu Sprache und Form auf und deute sie.

Beobachtung	*Deutung*
Vermischung von Seh- und Hörsinn (V. 1)	*Eine Vielzahl von Eindrücken stürmt auf das Ich ein.*
Personifikationen (V. 3, 16)	*Die Stadt wirkt, als hätte sie ein vom Menschen unbeherrschbares Eigenleben.*
Partizipien (V. 6)	*Die Menschen wirken, als wären sie nicht zu selbstbestimmten Handlungen in der Lage. Sie werden von ihrer Arbeit („fron-") bestimmt („-gebannt").*
Zeilensprünge (V. 5 f., 7 f., 10 f., 11 f.)	*Eindruck der Atemlosigkeit, Hektik*
Wortfeld „Hören" (V. 1, 7, 9–12)	*Alle Bezüge zum Wortfeld „Hören" lassen an eine unangenehme, schrille, nervtötende Geräuschkulisse denken.*
helle Vokale in der dritten Strophe	*Die beschriebene Geräuschkulisse wird lautmalerisch nachgebildet.*
Metaphern „Netz" (V. 13), „Perlen", „Meer" (V. 14)	*Die Metaphern „Netz" und „Perlen" rufen das Bild eines zarten, empfindlichen Ichs hervor. Das „ewige Meer" wirkt wie ein Kontrast zur hektischen, schnelllebigen Stadt.*
Rhythmus: hauptsächlich Jamben, in der dritten Strophe unterbrochen von Unregelmäßigkeiten (z. B. mehrere Daktylen)	*Die Regelmäßigkeit spiegelt den mechanischen, entmenschlichten Ablauf in der Stadt wider. Der Bruch im Rhythmus wirkt wie eine Störung und verstärkt die Verwendung der schrillen Vokale in der dritten Strophe. Das Gehör wird strapaziert.*

4 Formuliere nun mit Hilfe deiner Ergebnisse aus Aufgabe 3 eine Kernaussage.

Kernaussage: *In dem Gedicht „Da sind die Straßen …" wird die Stadt als ein menschenfeindlicher Raum dargestellt, der seine eigene Ordnung entwickelt hat und in dem der Mensch nicht mehr selbstbestimmt existieren kann.*

5 Formuliere zu beiden Bildern deinen spontanen ersten Eindruck.

Ludwig Meidner, Berlin Potsdamer Platz 1913

Ludwig Meidner, Berlin Potsdamer Straße 1913

Mein ersten Eindruck:

Mein erster Eindruck:

6 Welches der Bilder passt deiner Ansicht nach besser zu dem Gedicht? Begründe deine Ansicht. Beziehe dich dabei auch auf die Motive, den Aufbau und die Darstellungsweise des Bildes.

Bild 1 passt besser zu dem Gedicht, weil es die Menschen in der Stadt so darstellt, wie sie auch im Text wirken: Sie treten nicht als Individuen auf, sondern in einer großen Masse, in der der Einzelne nicht zählt (V. 5). Die fehlende Individualität wird dadurch unterstrichen, dass nur wenige Gesichter zu erkennen sind, stattdessen aber viele uniforme Hüte. Die wenigen Gesichter sind grotesk überzeichnet. Sie wirken hölzern und wenig lebendig. Dies passt zu dem Gedicht, das aussagt, dass der Mensch in dem Lebensraum Stadt nicht mehr selbstbestimmt existieren kann. Das Bild ist so aufgebaut, dass die Menschenmasse von rechts nach links unten auf den Betrachter zuströmt und ihn scheinbar überrennt. Auch der Gedichttext vermittelt das Gefühl, dass die Stadt mit ihren Menschenmassen das lyrische Ich überrollt (V. 16).

Falls du dich für Bild 2 entscheidest:

Bild 2 passt besser zu dem Gedicht, weil der Bildaufbau vermittelt, dass die Stadt die Menschen erdrückt: Die freie Fläche in der Mitte scheint zu verschwinden, weil die Häuser rechts und links sich neigen, als würden sie bald auf die hektisch bewegten Massen stürzen. Auch der Text erweckt diesen Eindruck (Strophe 1). Die Menschen sind auf dem Bild nicht als einzelne gezeichnet, sondern verschwimmen zu einer Masse auf den Fußwegen, was der Darstellung in dem Gedicht entspricht (V. 5). Im Mittelfeld des Bildes befinden sich nicht Menschen, sondern zahlreiche, scheinbar ungeordnet fahrende Autos. Genau wie im Gedicht (V. 3 f.) scheint die Stadt also nicht mehr Lebensraum für den Menschen zu sein, sondern unterwirft ihn ihrer Ordnung und macht ihn zur Randerscheinung. Auch hier wird deutlich, dass das Individuum nicht mehr zählt.

Aufgabe

1 Lies den Text und formuliere spontan deinen Eindruck.

Sprache/Form:

Joseph von Eichendorff, 1841

Die Nachtblume

Nacht ist wie ein stilles Meer,
Lust und Leid und Liebesklagen
Kommen so verworren her
In dem linden Wellenschlagen.

Wünsche wie die Wolken sind,
Schiffen durch die stillen Räume,
Wer erkennt im lauen Wind
Ob's Gedanken oder Träume? –

Schließ ich nun auch Herz und Mund,
Die so gern den Sternen klagen:
Leise doch im Herzensgrund
Bleibt das linde Wellenschlagen.

Inhalt:

Mein erster Eindruck:

2 Lies das Gedicht erneut und notiere am Textrand, was dir zu **Inhalt**, **Sprache** und **Form** auffällt.

3 Analysiere das Gedicht. Liste dazu deine Beobachtungen zu Sprache und Form auf und deute sie. Arbeite in deinem Heft.

4 Formuliere nun mit Hilfe deiner Ergebnisse aus Aufgabe 3 eine Kernaussage.

5 Formuliere zu beiden Bildern deinen spontanen ersten Eindruck.

Caspar David Friedrich, Mondaufgang am Meer, 1819

Caspar David Friedrich, Seestück bei Mondschein auf dem Meer, 1827/28

Mein erster Eindruck:

Mein erster Eindruck:

6 Welches der Bilder passt deiner Ansicht nach besser zu dem Gedicht? Begründe deine Ansicht. Beziehe dich dabei auch auf die Motive, den Aufbau und die Darstellungsweise des Bildes. Arbeite in deinem Heft.

Überprüfung

1 In den folgenden Aussagen werden Gedicht und Bild aufeinander bezogen. Kreuze die zutreffenden Aussagen an.

Max Dauthendey

Es schreien Stimmen nachts *(1914)*

Ich höre heller, als die Ohren wissen.
Es schmerzen Echos, tief in mir geboren.
Es schreien Stimmen nachts aus meinen Rissen,
Die Stimmen Mutiger, die ihre Kraft verloren,
Die auf des Krieges Feldern liegen, verblutet und zerrissen.

Käthe Kollwitz, Schlachtfeld, 1907

Gedicht und Bild passen zueinander, …

- ☐ … weil beide sich mit dem Thema Angst beschäftigen.
- ☐ … weil beide sich mit dem Krieg auseinandersetzen.
- ☐ … weil das lyrische Ich und die Person auf dem Bild weiblich sind.
- ☐ … weil die gebeugte Körperhaltung der Frau auf dem Bild zu dem in dem Gedicht geschilderten Leiden des lyrischen Ichs passt.
- ☐ … weil es jeweils Nacht ist.
- ☐ … weil beide Werke die Kriegsopfer drastisch realistisch darstellen.
- ☐ … weil beide Werke sich mit den gefallenen Kriegsopfern beschäftigen.
- ☐ … weil in beiden Werken das Leid der Überlebenden im Mittelpunkt steht, die mit den Folgen des Krieges zu kämpfen haben.

7

- verschiedene Textfunktionen und Textsorten unterscheiden
- Informationen zielgerichtet entnehmen und vergleichen
- Intentionen eines Textes erkennen
- Information und Wertung in Texten unterscheiden

Zeitungstexte verstehen und vergleichen

Kurzbeschreibung
Zeitungsartikel informieren über interessante Themen und aktuelle Ereignisse. Je nach Textsorte sind Funktion und Informationsgehalt der Artikel unterschiedlich: **Nachrichten** beschränken sich auf Fakten und dienen der Information der Leser. **Kommentare** geben die persönliche Meinung des Autors wieder und sollen zur Meinungsbildung beitragen. **Reportagen** informieren besonders anschaulich über Ereignisse, indem sie Hintergrundinformationen mit Äußerungen Betroffener verbinden.

Vorbereitung

Wiederhole, was du über die journalistischen Textsorten Nachricht und Kommentar bereits weißt.

Erinnere dich an die W-Fragen, mit deren Hilfe du die wichtigen Informationen einer Nachricht erschließen kannst: *Was? Wer? Wo? Wann? Wie? Warum?*

Zeitungstexte verstehen und vergleichen

1. Schritt
Überfliege den Text. Worum geht es?

2. Schritt
Lies den Text und finde heraus, um welche Textsorte es sich handelt.

► **Nachricht:**
- Antworten auf die W-Fragen
- Hintergrundinformationen
- neutrale, sachliche Sprache

► **Kommentar:**
- Bewertungen
- Meinungsäußerungen des Verfassers
- Argumente

► **Reportage:**
- anschauliche Schilderungen
- Äußerungen Betroffener
- Folgen für die Betroffenen
- der Verfasser ist vor Ort

3. Schritt und 4. Schritt
Lies einen weiteren Text zum Thema und vergleiche beide Texte.

Funktion

Um beurteilen zu können, ob ein Text gesicherte Fakten oder die Meinung eines Einzelnen wiedergibt, musst du zwischen Nachricht, Kommentar und Reportage unterscheiden können.
Nur so kannst du eine angemessene Lesehaltung einnehmen und dir selbst eine Meinung bilden.

Beispiel

1 Überfliege den Text und notiere, worum es geht.

Es geht um staatliche Rauchverbote in europäischen Ländern.

Es wird eng für Raucher

Wer in England erwischt wird, muss bis zu 3650 Euro zahlen. Ungarn paffen sogar im Parlament.

BERLIN/HAMBURG – Nur einer von 16 deutschen Ministerpräsidenten raucht: Der baden-württembergische Regierungschef Günther Oettinger (CDU) pafft gelegentlich, wie es aus dem Stuttgarter Staatsministerium heißt, nach dem Essen eine Zigarre. 15 Länderchefs leben rauchfrei. Doch die Vorhaben ihrer Länder in Bezug auf ein Rauchverbot gehen auseinander.

In Europa war Irland Vorreiter in Sachen „No smoking". Im März 2004 erließen die Iren ein totales Rauchverbot in öffentlichen Gebäuden. Der rechtspolitische Sprecher der oppositionellen Fine-Gael-Partei, John Deasy, wurde gleich im April 2004 von seinem Parteichef gefeuert, nachdem er sich in der Parlamentsbar eine Zigarette angezündet hatte.

In England gilt vom 1. Juli 2007 an ein umfassendes Rauchverbot an allen öffentlichen Orten bis hinein in Restaurants, Pubs, Bars und Privatklubs. Wer beim Rauchen an einem verbotenen Ort erwischt wird, kann mit einer Strafe von bis zu 3650 Euro belangt werden. In Schottland gilt seit diesem März ein strenges Rauchverbot. Auch Nordirland plant ein umfassendes Rauchverbot ab kommendem Frühjahr. Seit 2004 verhängten Italien, Malta und Schweden ähnliche Verbote, in Belgien und in Litauen sollen im nächsten Jahr strenge Regeln in Kraft treten. In Frankreich wurde eine ebenfalls sehr strenge Regelung verabschiedet, die im Februar 2007 in Kraft tritt. Cafés, Restaurants und Diskotheken haben bis zum 1. Januar 2008 Zeit, in ihren Lokalen hermetisch abgeriegelte Raucherkabinen einzurichten, die das Personal nicht betreten muss. In staatlichen Schulen und Krankenhäusern sind selbst Raucherzimmer verboten. Zugleich will der Staat denjenigen Rauchern, die aufhören wollen, unter die Arme greifen. So sollen Entwöhnungskuren mit Nikotinpflaster zu einem Drittel vom Staat bezahlt werden. Eine Studie hatte gezeigt, dass Frankreichs Restaurants, Bars und selbst Krankenhäuser hinsichtlich der Qualmbelastung zu den gefährlichsten der Welt gehörten.

In Österreich, das mit 37 Prozent der Erwachsenen eine der höchsten Raucherquoten der EU hat, gibt es überhaupt keine Regel. In Griechenland wird ein bestehendes Verbot weitgehend ignoriert, in Spanien ermöglichen Ausnahmegenehmigungen das Rauchen in Cafés, Bars und Restaurants, in Ungarn beraten Parlamentsausschüsse und Fraktionen traditionell in vollgequalmten Sitzungssälen.
Bereits 1970 hatte Singapur Rauchen in Kinos und Theatern verboten. Bahrain hat 2004 als erstes Land der Welt auch jeden Verkauf von Tabak verboten.

2 Lies den Text noch einmal genau. Bestimme anschließend die Textsorte mit Hilfe der Merkmale im Merkwissen.

Beantwortet der Text die W-Fragen?

Ja, der Text beantwortet alle wichtigen W-Fragen.

Was: staatliche Maßnahmen gegen das Rauchen

Wer: andere europäische Staaten

Wo: Irland, England, Schottland, Italien, Malta, Schweden, Frankreich, Österreich, Griechenland, Spanien, Ungarn, dazu weltweit: Singapur, Bahrein

Wann: Rauchverbote zu unterschiedlichen Zeitpunkten

Wie: Der Staat macht entsprechende Gesetze.

Warum: Die gesundheitliche Belastung der Bevölkerung soll verringert werden.

Liefert der Text Hintergrundinformationen?

Ja, der Text liefert Hintergrundinformationen zum Thema Rauchverbot.

In der Einleitung wird berichtet, dass zwar nur einer von 16 Ministerpräsidenten in Deutschland raucht, dass eine Einigung in der Frage des Rauchverbots aber trotzdem schwierig ist. Im Hauptteil des Textes wird über die Gesetzeslage in anderen europäischen Ländern informiert. Am Schluss erfährt der Leser, welches Land weltweit zuerst ein Rauchverbot erlassen bzw. den Verkauf von Tabak verboten hat.

Welche sprachlichen Mittel werden verwendet?

Der Text ist sachlich. Es werden Fakten genannt.

Ist ein eigener Standpunkt, eine Wertung des Verfassers erkennbar?

Nein, es wird lediglich darüber berichtet, welche Maßnahmen andere Staaten ergriffen haben, um die Rauchbelästigung einzuschränken.

Um welche Textsorte handelt es sich?

*Es handelt sich um eine **Nachricht**.*

3 Lies nun eine Reportage zum Thema „Rauchverbot".

Elena Koch

Rauchverbot wäre gesünder

Halver. (EK) Rauchverbot in Restaurants und öffentlichen Gebäuden. Das wollen die Fraktionen der großen Koalition in Gesetzesform „gießen". Die WR fragte Halveraner, was sie von der Initiative zum Schutz der Nichtraucher halten.

„Ich bin gegen ein Rauchverbot, jeder sollte doch selbst wissen, was er macht. In Italien ist das Rauchen in Kneipen ja schon komplett verboten. Selbst mich als Nichtraucher stört es, dass sich der Staat so dermaßen einmischt", meint Guiseppe Barletta, Betreiber der Pizzeria Monello. „Getrennte Räume wären aber okay, das würde ich einrichten. An Umsatzeinbußen glaube ich nicht. Die Leute werden sich schon daran gewöhnen", so Barletta.

Tatsächlich zeigen aktuelle Statistiken aus den USA, dass ein Rauchverbot keinerlei Auswirkungen auf die Trinkfreudigkeit der Kunden hat. Dennoch befürchten Gastronomen Umsatzeinbußen.

„Gastronomie und Genuss gehören eben zusammen", meint Rüdiger Borgmann, Wirt des Kulturbahnhofs. „Sicher kommen mir Zweifel, wenn sich die Politik da einmischt. Bei einem Rauchverbot bleiben die Leute doch lieber zu Hause. Ich finde ja, das können wir auch selbst regeln. Man muss eben Kompromisse finden." Borgmann setzt da auf die technischen Möglichkeiten, „um es beiden Seiten recht zu machen". Sagt's und deutet auf seine elektrische Abzugshaube, die den Qualm ganz unauffällig dahin trägt, wo er niemanden stört. Mit dieser Haltung steht er nicht allein.

Andere Gastronomen versuchen jetzt schon, dem möglichen Gesetz vorzubeugen. So wird im Café Braun bereits intern diskutiert, den Laden komplett rauchfrei zu halten. Für eine rauchfreie Zone sei das Geschäft eh zu klein, meint Verkäuferin Wilma Hohmann.

Dann lieber Nägel mit Köpfen machen und so vielleicht auf die nichtrauchende Kundschaft hoffen. Denn vor Umsatzeinbußen hätte auch sie Angst.

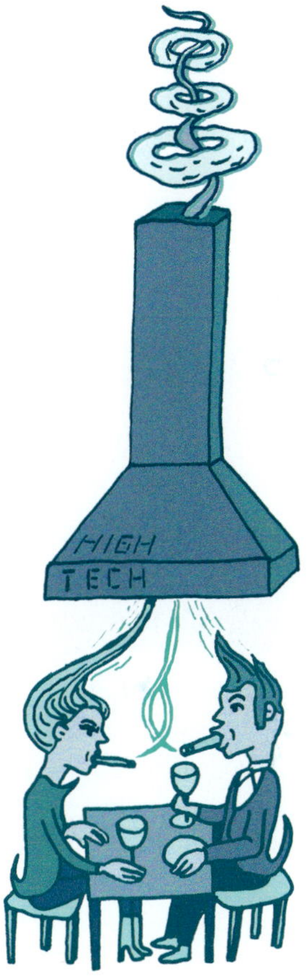

In der Eisdiele „Café Riviera“ sieht man die ganze Sache etwas lockerer. „Ich glaube, meine Kunden wünschen sich rauchfreie Plätze“, meint Verkäufer Napoli Patrizio. „Immerhin verkaufen wir Lebensmittel – und für die Kinder wäre das Verbot auch viel gesünder.“ Einen ganz anderen Aspekt wirft Dirk Schmale, Gast der Pizzeria, auf. „Ich habe nichts gegen den Nichtraucherschutz. Aber ist Deutschland auch bereit, die Konsequenzen dafür zu tragen? Fallen die Einnahmen aus der Tabaksteuer weg, werden Nichtraucher und Raucher gleichermaßen die Folgen zu spüren bekommen. Und wer kontrolliert, ob das Verbot auch eingehalten wird? Die neuen Regelungen wären zwar ein Signal, eine dauerhafte Lösung aber nicht.“

Zweifel also nicht nur bei den Gastronomen. Immerhin ist ein Großteil der Deutschen mit dem eingeschränktem Rauchverbot einverstanden. Selbst Raucher gehen gerne Kompromisse ein, um den Konflikt für beide Seiten zufriedenstellend zu beenden – solange es bei Einschränkungen bleibt und nicht zu einem generellen Verbot für sie kommt.

4 Weise mit Hilfe des Merkwissens nach, dass es sich bei diesem Text um eine Reportage handelt. Arbeite im Heft.

5 Vergleiche die beiden Texte, indem du sie verschiedenen Funktionen zuordnest.

Welchen Text wählst du, wenn du …	Text
… dich sachlich über ein Thema informieren willst?	
… wissen willst, was andere Leute über das Thema denken?	
… wenn du selbst Stellung zu einem Thema beziehen musst?	
… wenn du objektive Hintergrundinformationen zu einem Thema brauchst?	
… wenn du dir ein anschauliches Bild von einem Ereignis und dessen Folgen machen möchtest?	
… wenn du nicht in deiner Meinungsbildung beeinflusst werden möchtest?	
… wenn du dich für die Situation anderer Menschen interessierst?	

Aufgabe

1 Überfliege den Text und notiere, worum es geht.

Lars Ophüls

Rauchverbot? Da lässt die Gastronomie Dampf ab

Geplantes Gesetz würde viele Wirte in Schwierigkeiten bringen

Kreis Plön/Eutin. Das geplante Rauchverbot der Bundesregierung für Restaurants stößt bei den lokalen Gastronomen auf wenig Gegenliebe. Gerade die Betreiber kleinerer oder ländlicher Lokale können die angedachten Auflagen für Raucherbereiche oft nicht erfüllen. „Katastrophal", findet etwa Christian Waidmann vom Restaurant TAC in Eutin den Kompromiss der Bundesregierung. „Ich habe Angst, dass ich Leute entlassen oder sogar zusperren muss, wenn der Entwurf zum Gesetz wird", sagt der Gastronom. Denn sein TAC hat nur einen Speiseraum; bis jetzt durften Gäste lediglich in einem Teilbereich zur Zigarette greifen. Nach dem Willen der Koalitionspolitiker müsste das TAC Raucher demnächst komplett verbannen.

Einen starken Rückgang befürchtet Waidmann außerdem bei „Zusatzverkäufen" wie beispielsweise dem Kaffee nach dem Essen, den Raucher in Zukunft lieber in der Kneipe um die Ecke oder zu Hause einnehmen könnten. Das Argument, die Angestellten müssten vor dem Passivrauchen geschützt werden, lässt er nicht gelten: „Bei uns bin ich der einzige Nichtraucher."

Auch Klaus-Dieter Dehn, Vorsitzender des Gaststättenverbandes Dehoga im Kreis Plön, kritisiert, dass es (...) keine Ausnahmeregelung gibt: „Wir hatten eine freiwillige Vereinbarung mit der Regierung, in der es noch Ausnahmen gab", erklärt er. Auch hätten die Gäste den Stufenplan zur schrittweisen Einführung von Nichtraucherbereichen mitgetragen. „Ich hoffe, der Bundesrat mildert den Entwurf dahingehend noch ab", zeigt sich Dehn aber noch optimistisch.

Besonders kleine Betriebe fürchten Umsatzrückgänge, da sie oft architektonisch bedingt keine separaten Raucherräume einrichten können. „Ich habe schon von vielen Gästen gehört, die dann erst mal nicht mehr kommen würden", berichtet beispielsweise Holger Ochs, Mitinhaber der Plöner „Eisenpfanne".

Besser haben es beispielsweise Saisonbetriebe, die im Sommer ihre Gäste auf der Terrasse rauchen lassen dürfen. Aber auch Wirte mit größerem Platzangebot können sich nicht wirklich mit der Regelung anfreunden. So gibt etwa Christian Boll vom Restaurant am Lütjenburger Bismarckturm zu bedenken: „Wenn wir die Gäste kategorisch trennen, haben nur die Nichtraucher in ihrem Bereich Blick auf die Ostsee. Die Raucher gucken dann in den Wald." Und wenn denen das Panorama versperrt bleibt, könnten die Raucher bald ganz ausbleiben. „Schwarz auf weiß" möchte Boll daher die Neuregelungen erst sehen, bevor er weitere Schritte ergreift.

Gelassener sieht da Ullrich Scheunemann der Entwicklung entgegen. Der Betreiber des „Zinnteller" in Plön kann per Schiebetür sein Restaurant aufteilen. „Ich bin nur traurig", sagt er, „dass kleine Dinge bei uns immer mit so einem Aufwand geregelt werden müssen."

2 Lies den Text nun genau und bestimme die Textsorte mit Hilfe der Merkmale im Merkwissen. Notiere die Merkmale am Rand des Textes.

3 Lies einen weiteren Text zum Thema und bestimme die Textsorte. Notiere die Merkmale am Rand des Textes.

Wolfgang Roth

Rauchverbot light

Das Kompromisspapier der Koalition offenbart die Widersprüche im Umgang mit der Sucht.

Suchtmittel gibt es viele, legale und illegale. Unter den legalen nimmt Nikotin eine Sonderstellung ein, weil es, im Unterschied etwa zu Alkohol, in jeder Dosis und nicht nur für den Süchtigen gesundheitsschädlich ist.

Wenn ein solcher Stoff vom Staat toleriert, wenn der Tabakanbau sogar gefördert wird, gleichzeitig aber vorsorgende Gesundheitspolitik betrieben werden soll, dann kommt es naturgemäß zu Widersprüchen. Und zu Kompromissen von der Art, wie ihn die Arbeitsgruppe der Großen Koalition zum Nichtraucherschutz vorgelegt hat. Es ist ein bedingt tauglicher, in manchen Fällen aber ein fauler Kompromiss, und er hat für Gastronomiebetriebe sehr unterschiedliche Folgen. Im schnuckeligen, kleinen Speiselokal lässt sich kein abgetrennter Raucherbereich einrichten.

Wer viel Platz hat, mag sich die Investition leisten, aber sein Personal muss zwangsläufig auch jenen Raum betreten, in dem der Qualm besonders dicht ist – die Raucherabteile der Bahn geben einen guten

Vorgeschmack. Der außerhalb der Gastronomie uneingeschränkt geltende Anspruch auf einen rauchfreien Arbeitsplatz ist das stärkste Argument für generelle Rauchverbote, wie sie in einigen europäischen Ländern gelten oder geplant sind.

Kneipen und Restaurants sind keine öffentlichen Räume, in denen der Staat uneingeschränkt seiner Schutzpflicht für alle nachzukommen hat. Sie sind halböffentliche Räume, und Kontrolleure haben dafür zu sorgen, dass die Gäste nicht der unkalkulierbaren Gefahr einer Lebensmittelvergiftung ausgesetzt sind. Wer ein Lokal betritt, weiß aber um die Folgen und trifft eine freie Entscheidung. Dies schließt auch das Recht ein, seine Gesundheit zu ruinieren – als aktiver oder passiver Raucher. Dazu soll er nun weiterhin Gelegenheit haben: in Bars, Kneipen und Bierzelten.

Besonders logisch ist das nicht, weil dort der Dampf am dichtesten ist. Und was die freie Entscheidung der Gäste betrifft, so existiert sie in Wahrheit nicht, weil es kaum eine Alternative gibt. Das ist erstaunlich, weil die Nichtraucher in der Mehrheit sind. Eigentlich müsste unter zivilisierten Menschen klar sein, dass ein Raucher nicht rauchen darf, wenn dies jemanden in seiner Umgebung stört. Eigentlich müssten Gastwirte ständig mit Beschwerden bombardiert werden, weil es in ihrem Lokal stinkt.

Eigentlich müsste es – dem Gesetz von Nachfrage und Angebot zufolge – mindestens genauso viele Restaurants für Nichtraucher geben wie für Vegetarier. Und die einen würden ab und an vor die Türe gehen, die anderen sich hie und da mal dem Rauch aussetzen. Ein Gesetz aber, das einem Restaurantpächter in dessen Räumen ein allgemeines Rauchverbot vorschreibt, ist verfassungsrechtlich fragwürdig.

Jugendschutz rechtfertigt hingegen starke Eingriffe in die persönliche Freiheit. Noch besser wäre es, wenn erst gar nicht so viele mit dem Rauchen anfingen. Aber auf diesem Gebiet ist es nicht weit her mit der Suchtprävention.

4 Vergleiche die beiden Texte.

Überprüfung

1 Kreuze an, ob der jeweilige Satz aus einer Nachricht, einer Reportage oder einem Kommentar stammt. Begründe deine Entscheidung in wenigen Stichpunkten.

	Nachricht	Reportage	Kommentar	Begründung
Das Gaststättenrecht unterscheidet zwischen „Speisewirtschaften", in denen zubereitete Speisen angeboten werden, und „Schankwirtschaften", in denen „Getränke zum Verzehr an Ort und Stelle verabreicht werden".				
Der neue Gesetzesentwurf ist ein fauler Kompromiss.				
Die junge Kellnerin muss jeden Abend stundenlang den Rauch der Gäste einatmen und kann sich dem nicht entziehen, weil sie sonst ihren Arbeitsplatz verlieren würde.				
Ein gesetzlicher Anspruch auf einen rauchfreien Thekenplatz geht eindeutig zu weit!				
Rauchverbote ohne Strafen haben keinen Zweck!				
„Wir haben uns mit diesem Restaurant einen Lebenstraum erfüllt. Wenn das Rauchverbot kommt, können wir den Laden schließen. Dann kommt keiner mehr."				
In England darf ab Juli dieses Jahres in allen öffentlich zugänglichen Räumen nicht mehr geraucht werden.				
Es ist widersinnig, wenn das Rauchen in Restaurants verboten, in Kneipen und Bars aber zugelassen wird.				

- einen Sachtext erschließen, Argumente erkennen und ordnen
- Informationen aus Diagrammen entnehmen und vergleichen
- einen literarischen Text analysieren und deuten

8

Teste dein Wissen!

Kurzbeschreibung
Anhand unterschiedlicher Textsorten (Sachtext, Diagramm, literarischer Text) kannst du dein Wissen aus den Lernbereichen „Lesen", „Schreiben" und „Sprachwissen" überprüfen. Du trainierst dabei auch den Umgang mit wichtigen Aufgabenformen.

Einem Text Informationen entnehmen und ordnen

Du sollst unter einem vorgegebenen Aspekt bestimmte Informationen des Textes (z. B. Pro- und Kontra-Argumente) sammeln und ordnen. Markiere dazu zunächst die entsprechenden Textstellen und schreibe die Informationen als Stichworte heraus. Pro- und Kontra-Argumente kannst du z. B. in einer Tabelle gegenüberstellen.

Multiple-Choice-Aufgaben lösen

Es gibt folgende Aufgabentypen:

Welche Aussage ist richtig?
Du musst aus mehreren Aussagen zu einem Text die richtige herausfinden und ankreuzen. Achtung: Lies die Aufgabenstellung genau. Manchmal können auch mehrere Aussagen richtig sein.

Ist die Aussage richtig oder falsch oder gar nicht im Text enthalten?
Dir werden mehrere Aussagen zu einem Text vorgegeben und du musst bei jeder Aussage entscheiden, ob sie auf den Text zutrifft, ob sie nicht zutrifft oder ob sie gar nicht im Text enthalten ist. Bevor du dich entscheidest, lies die Aufgabenstellung und die Textstelle ganz genau.

Fragen zu einem Text beantworten

Es gibt Aufgaben, die sich auf die sprachliche Gestaltung des Textes beziehen. Du musst z. B. die Satzart oder die Wortart bestimmen und in ihrer Funktion erläutern. Achte dabei auf die richtige Verwendung der grammatischen Begriffe. Andere Aufgaben beziehen sich auf einen bestimmten inhaltlichen Aspekt, den du schriftlich darstellen sollst. Lies die Aufgabenstellung genau und markiere alle Textstellen, die zur Beantwortung der Frage beitragen. Ordne deine Informationen und schreibe dann deinen Text. Achtung: Wenn du dich auf Textstellen beziehst oder Textstellen zitierst, vergiss nicht, Zeilenangaben zu machen.

Allgemeine künstliche Intelligenz

Die Entwicklung künstlicher Intelligenz ist bislang nicht weit über Schachcomputer und Suchmaschinen hinausgekommen. Es gibt jedoch Anzeichen dafür, dass wir im 21. Jahrhundert die Technik und das Knowhow haben werden, um Intelligenz technologisch nachzubilden. Daher stellt sich schon heute die Frage: Ist künstliche Intelligenz überhaupt wünschenswert?

Sicher ist: Nicht alles, was möglich ist, ist auch wünschenswert! Welche Auswirkungen hätten intelligente Computer denn auf unsere Welt? Eine künstliche Intelligenz, die deutlich über dem menschlichen Niveau läge, würde einen Schritt in der Evolution bedeuten, der dem vom Affenmenschen zum Menschen mindestens vergleichbar wäre. Die positiven oder negativen Folgen eines solchen Schrittes sind nicht absehbar. Einige Fragen, die sich in diesem Zusammenhang stellen, seien jedoch genannt.

Wenn die Menschen mit dem heutigen Stand der technologischen Entwicklungen bereits moralisch überfordert sind, weil Verstand, Moral, Ethik vom Fortschritt abgehängt werden – man könnte hier je nach Standpunkt auf Waffentechnologie oder Genmanipulation verweisen – können wir dann eigentlich verantworten, dass die technologischen Entwicklungen weiter vorangetrieben werden? Wenn wir etwas schaffen, das intelligenter ist als wir selbst, unterliegt es dann noch unserer Kontrolle? Das klingt nach Science-Fiction und Negativutopie. Aber: Wenn wir vorhersagen könnten, wie jemand handelt, der intelligenter ist als wir selbst, wären wir dann nicht selbst so intelligent? Und vor allem: Wer bestimmt, zu welchem Zweck die künstliche Intelligenz eingesetzt wird?

Diesen Befürchtungen und Negativszenarien stehen mögliche Positiveffekte gegenüber.

Etwas, das „besser denken kann" als wir, könnte die Wissenschaft beflügeln. Wirksame Medikamente gegen zahlreiche, weltweit grassierende Krankheiten kämen möglicherweise in Reichweite. Für viele gesellschaftliche und wirtschaftliche Probleme kann man heute mangelnde Intelligenz mitverantwortlich machen. Es fehlt neben dem guten Willen oft einfach an der nötigen Kompetenz. Warum sich also nicht von etwas Intelligenterem dabei helfen lassen, den Hunger zu bekämpfen oder die Umwelt zu retten?

Man darf die Augen vor den Möglichkeiten der künstlichen Intelligenz nicht verschließen. Das gilt im Guten wie im Schlechten.

Aufgabe

1 Kreuze jeweils an, ob die Aussage zutrifft, nicht zutrifft oder gar nicht im Text enthalten ist.

	trifft zu	trifft nicht zu	nicht enthalten
a) Vom Menschen zur denkenden Maschine ist es nur ein kleiner Schritt.	☐	☐	☐
b) Künstliche Intelligenz könnte sich auch gegen den Menschen richten.	☐	☐	☐
c) Künstliche Intelligenz könnte uns helfen, Probleme zu lösen.	☐	☐	☐
d) Künstliche Intelligenz lässt sich in naher Zukunft wahrscheinlich entwickeln.	☐	☐	☐
e) Es wird sicher wirksame Mittel gegen Krankheiten geben.	☐	☐	☐
f) Denkende Roboter werden die Macht an sich reißen.	☐	☐	☐

2 Kreuze zutreffende Aussagen an. Du kannst auch mehrere Kreuze setzen.

a) Absatz 1 (Z. 1–6)
☐ definiert den Begriff „Künstliche Intelligenz".
☐ formuliert die Leitfrage für die Beschäftigung mit dem Thema.
☐ sagt die Entwicklung künstlicher Intelligenz voraus.

b) Absatz 2 (Z. 7–14)
☐ konkretisiert die Leitfrage aus Absatz 1.
☐ beantwortet die Leitfrage aus Absatz 1.
☐ kündigt eine Pro- und Kontradiskussion an.

c) Absatz 3 (Z. 15–26)
☐ stellt Fragen.
☐ sammelt Kontra-Argumente.
☐ gibt die Meinung des Autors wieder.

d) Absatz 4 (Z. 27–28)
☐ formuliert das abschließende Kontra-Argument.
☐ leitet über zu den Pro-Argumenten.
☐ bietet das erste Pro-Argument.

e) Absatz 5 (Z. 29–36)
☐ wirbt für künstliche Intelligenz.
☐ stellt die Potenziale künstlicher Intelligenz dar.
☐ enthält die Pro-Argumente.

f) Absatz 6 (Z. 37–38)
☐ enthält ein klares Urteil für oder gegen künstliche Intelligenz.
☐ spiegelt die Meinung des Autors wider.
☐ bleibt unentschieden zwischen Pro und Kontra.

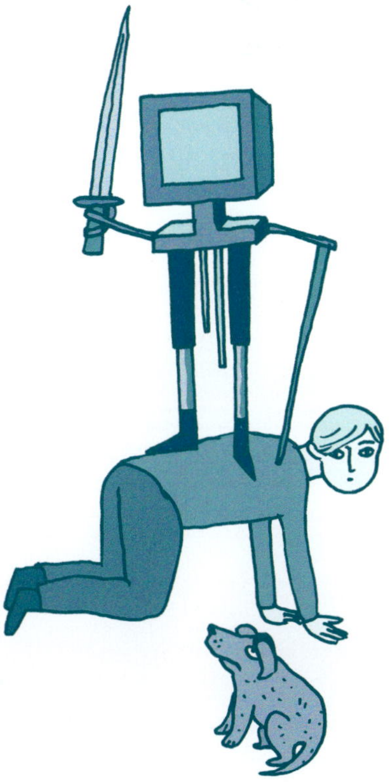

3 Sammle die Pro- und Kontra-Argumente in der folgenden Tabelle. Notiere Stichpunkte.

Pro-Argumente	**Kontra-Argumente**

Information zu den Diagrammen:
Beide Diagramme sind einer Umfrage zum Thema „Künstliche Intelligenz" entnommen.
65 Internet-Surfer haben einen Fragebogen online ausgefüllt. 57 Teilnehmer waren männlich.
Das Durchschnittsalter lag bei 23 Jahren.

1. „Woran denken Sie, wenn Sie den Begriff ‚Künstliche Intelligenz' oder ‚KI' hören?"

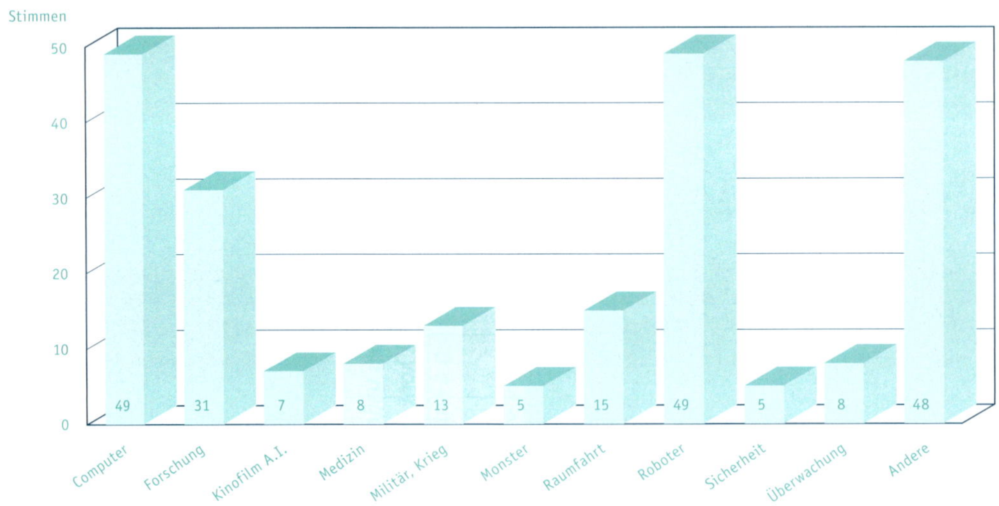

2. „In welche Richtung soll die Forschung tendieren?"

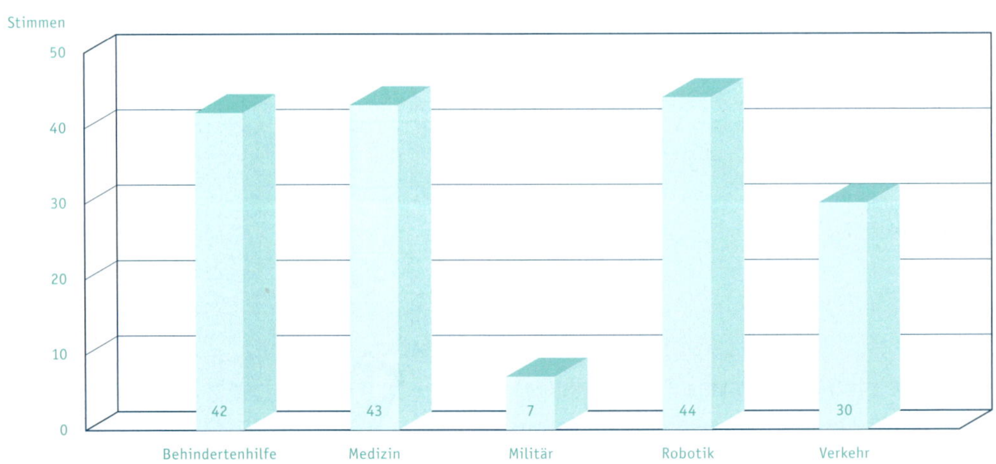

Aufgabe

1 Erschließe die Diagramme, indem du die Tabelle ausfüllst.
Notiere Stichworte.

	Diagramm 1	Diagramm 2
Art des Diagramms		
Thema des Diagramms		
Angaben der x-Achse		
Angaben der y-Achse		

2 Welche der folgenden Aussagen trifft auf Diagramm 1 zu? Kreuze an.

- ☐ Die meisten Befragten sehen KI positiv.
- ☐ Ein kleinerer Teil der Befragten fürchtet sich vor KI oder steht ihr ablehnend gegenüber.
- ☐ Viele verbinden Technisches oder Geräte, die Tätigkeiten verrichten, mit KI.
- ☐ KI kommt hauptsächlich in Science-Fiction-Filmen vor.

3 Welche der folgenden Aussagen lassen sich mit Hilfe von Diagramm 2 stützen? Kreuze an.

- ☐ KI soll zum Wohle der Menschen eingesetzt werden.
- ☐ KI soll Umweltprobleme lösen.
- ☐ KI soll den Menschen die Arbeit erleichtern bzw. abnehmen.
- ☐ KI soll das Zusammenleben der Menschen verbessern.
- ☐ KI soll das Leben der Menschen sicherer machen.

4 Erstelle zu beiden Diagrammen eine Rangfolge der ersten fünf Nennungen. Stelle die Ergebnisse in der Tabelle einander gegenüber.

Diagramm 1	Diagramm 2
Computer	*Robotik*
Roboter	

5 Welche der folgenden Schlussfolgerungen lässt der Vergleich der beiden Diagramme in Aufgabe 4 zu? Kreuze an und begründe in deinem Heft.

- ☐ KI ist eine Gefahr für die Menschen, wenn sie nicht richtig genutzt wird.
- ☐ KI wird noch nicht genügend im medizinischen Bereich eingesetzt.
- ☐ KI kann neue Arbeitsplätze schaffen.
- ☐ KI sollte genutzt werden, um die Lebensqualität der Menschen zu verbessern.
- ☐ KI wird positiv beurteilt.

6 Bewerte die Informationen in deinem Heft.

a) Hältst du die Ergebnisse für repräsentativ? Achte auf die Angaben zu den Befragten in der Randspalte Seite 52.

b) Wie hättest du selbst auf die Fragen geantwortet? Begründe.

Androiden = künstliche Menschen

Technicolor = Farbfilmverfahren

Günter Kunert

Androiden

In eine Versammlung von Androiden war ich geraten. Höchstlich interessiert musterten mich ihre Augen aus bestem Kristall. Ihre Lippen aus Platin und Schaumgummi lächelten mich freundlich an. Ihre Worte konnte ich nicht verstehen, denn sie sprachen miteinander auf anderer Frequenz. Ich sah nur: Sie warfen sich Blicke zu. Ich sah nur: Sie rollten ein Gerät herbei. Ungeheuer gemächlich sonderten sich aus der Gruppe vier von ihnen ab und wanderten auf langsamen Stahlstangen aus meinem Blickfeld, wobei in meinem Rücken und Nacken Kälte wuchs. Und erst als ich bereits in jenes Gerät eingespannt lag (zu schnell für den Schneckengang der Gedanken), und rotierende Nickelfräsen sich in mein betäubtes Fleisch fraßen, erkannte ich: Sie meinten es gut mit mir, daher sie mich sich ähnlich machen wollten und mir also einsetzten ein Herz aus Kunststoff, ein Gehirn mit vorgedruckter Schaltung und eine Seele aus Technicolor.

Aufgabe

1 Worum geht es in diesem Text? Vergib für jeden der unten aufgeführten Aspekte eine Wertung von „unwichtig“ über „nicht so wichtig“ und „wichtig“ bis „sehr wichtig“.

Es geht in diesem Text um …	**unwichtig**	**nicht so wichtig**	**wichtig**	**sehr wichtig**
das Verhältnis von Mensch und Technik				
Fortschritte in der Transplantations-medizin				
Gefahren des Fortschritts				
außerirdische Lebensformen				
künstliche Intelligenz				
Gleichschaltung anderer				
zukünftige Foltermethoden				

2 Was erfährst du im Text über die Androiden? Markiere alle Textstellen, die Informationen über die Androiden enthalten, und schreibe eine Charakterisierung in dein Heft.

3 Welche Haltung nimmt der Ich-Erzähler gegenüber dem Geschehen ein? Kreuze zutreffende Aussagen an und begründe mit Hilfe von Textstellen. Schreibe ins Heft.

- ☐ Er hat Angst.
- ☐ Er ist wie betäubt und lässt alles über sich ergehen.
- ☐ Er greift aktiv ins Geschehen ein.
- ☐ Er beobachtet das Geschehen und beschreibt es.
- ☐ Er ist den Androiden dankbar.

4 Der Text ist in der Ich-Perspektive geschrieben. Unterstreiche alle Pronomen, die sich auf den Ich-Erzähler beziehen, und bestimme ihre Satzgliedfunktion.
Deute abschließend deine Beobachtungen im Heft.

5 Welche Aussagen trifft der Text zum Verhältnis von Mensch und Technik und zum Thema „Fortschritt“? Deute den Text in deinem Heft.

6 Schreibe für die Androiden-Zeitung einen kurzen Bericht über das Geschehen. Titel: „Operation gelungen“. Arbeite im Heft.

Textquellen

S. 5: Analphabetismus. Aus: WDR, 9. 04. 2003. © Strauss Media GmbH.
http://www.wdr.de/tv/daheimundunterwegs/sprechstunde/couch/20030409.phtml
S. 7: Gritzner, Inka: Fremde Welt der Buchstaben. Aus: ZDF, 12. 07. 2004.
http://www.zdf.de/ZDFde/inhalt/13/0,1872,2143661,00.html
S. 12: Bismarck wird preußischer Ministerpräsident. Aus: Unsere Geschichte,
Verlag Moritz Diesterweg 1985, Bd. 2, S. 205.
S. 12 f.: Kinder als Arbeiter. Aus: Unsere Geschichte, Verlag Moritz Diesterweg 1985, Bd. 2, S. 231.
S. 13 f.: Kinderarbeit in der Geschichte. Aus: Der Brockhaus in 15 Bänden.
Permanent aktualisierte Online-Auflage. Leipzig, Mannheim: F. A. Brockhaus 2002–2006.
S. 17 f.: Westphalen, Nora von: Models bitte auf die Waage.
Aus: stern-online vom 21. September 2006.
S. 19 f.: Grimm, Mareile: Manege frei für Magermodels. Aus: spiegel-online vom 27. September 2006.
S. 23–26: Grafiken aus: JIM-Studie 2005. © Medienpädagogischer Forschungsverband Südwest
(LFK, LMK). http://www.mpfs.de/fileadmin/Studien/JIM2005.pdf
S. 28: Brecht, Bertolt: Maßnahmen gegen die Gewalt.
Aus: Bertolt Brecht, Geschichten vom Herrn Keuner. Suhrkamp Verlag, Frankfurt am Main 1971.
S. 30 f.: Kafka, Franz: Eine kaiserliche Botschaft. Aus: Sämtliche Erzählungen. S. Fischer Verlag,
Frankfurt am Main 1970.
S. 34: Lotz, Ernst Wilhelm: Da sind die Straßen … Aus: Gedichte, Prosa, Briefe.
Hrsg. v. Jürgen von Esenwein. edition text + kritik, 1994.
S. 37: Eichendorff, Joseph von: Die Nachtblume. Aus: Werke und Schriften, Bd. 1.
Cotta, Stuttgart 1953.
S. 39: Dauthendey, Max: Es schreien Stimmen nachts. Aus: Gesammelte Werke.
Langen, München 1925.
S. 41 f.: Es wird eng für Raucher. Aus: Hamburger Abendblatt vom 14. 12. 2006, S. 2.
S. 43 f.: Koch, Elena: Rauchverbot wäre gesünder. Aus: Westfälische Rundschau, Städtenews
vom 7. 12. 2006.
S. 45 f.: Ophüls, Lars: Rauchverbot? Da lässt die Gastronomie Dampf ab.
Aus: Ostholsteiner Zeitung. Regionalausgabe der Kieler Nachrichten vom 5. 12. 2006, S. 25.
S. 46 f.: Roth, Wolfgang: Rauchverbot light. Aus: Süddeutsche Zeitung vom 2. 12. 2006.
S. 50: Künstliche Intelligenz. Nach: http://www.aiplayground.org/artikel/agi
S. 52: Grafiken. Nach: http://www.gurit.net/sva/pdf/15_16_17_18_Auswertung_der_Umfrage_pdf.
S. 54: Kunert, Günter: Androiden. Aus: Günter Kunert, Camera obscura.
Carl Hanser Verlag, München 1978.

Bildquellen

S. 14: picture-alliance/dpa, Frankfurt am Main
S. 36 (links): BPK Berlin, © Ludwig-Meidner-Archiv, Jüdisches Museum, Frankfurt am Main
S. 36 (rechts): Winfried Flammann, © Ludwig-Meidner-Archiv, Jüdisches Museum, Frankfurt am Main
S. 38 (links): Artothek, Weilheim
S. 38 (rechts): Artothek, Weilheim
S. 39: akg-images, Berlin

Illustrationen

Katia Fouquet, Berlin

Seite 6

Beispiel 4

- Wie viele Analphabeten gibt es?
- Was ist ein Analphabet?
- Welche Probleme haben Analphabeten?
- Welche Menschen sind besonders gefährdet, Analphabeten zu werden?

Beispiel 5

Zeilen: 3–6; 18–20

Seite 8

Aufgabe 2

Mögliche Fragen zum Thema des Textes:
- Welche Rolle spielen Lesen und Schreiben in unserer Gesellschaft?
- Welche Probleme haben Analphabeten?
- Welche Auswege aus dem Analphabetismus gibt es?

Aufgabe 4

Deine Antworten könnten lauten:
- Welche Rolle spielen Lesen und Schreiben in unserer Gesellschaft?
  Schrift spielt eine zentrale Rolle in der modernen Gesellschaft. In Freizeit und Beruf ist sie eine ständige Begleiterin. Die Fähigkeiten Lesen und Schreiben werden für Behördengänge, sich wandelnde berufliche Aufgaben oder die Hausaufgabenbetreuung von Kindern benötigt. (Z. 6–12)
- Welche Probleme haben Analphabeten?
  Analphabeten können weder durch Lesen erfassen, was von ihnen verlangt wird, noch durch Schreiben angemessen darauf reagieren. Aus Scham versuchen sie außerdem, ihr Problem zu verbergen, was neue Schwierigkeiten aufwirft. (Z. 12–20)
- Welche Auswege aus dem Analphabetismus gibt es?
  Volkshochschulen bieten für Erwachsene Kurse im Lesen und Schreiben an, und es gibt Einrichtungen, die Analphabeten beim Lesen und bei der Beantwortung von Behördenpost, beim Ausfüllen von Formularen und Anträgen helfen. (Z. 22–25)

Aufgabe 5

Mögliche weitere Fragen:
- Hat sich das Verständnis davon, wann jemand als Analphabet gilt, mit der Zeit gewandelt?
  Ja, in früheren Jahrhunderten war man dann kein Analphabet mehr, wenn man seinen Namen schreiben konnte. (Z. 7–9)
- Was tut die Politik gegen den Analphabetismus?
  Unter dem Motto „Bildung für alle“ wollen die Vereinten Nationen bis 2012 die Zahl der erwachsenen Analphabeten durch Alphabetisierungsprogramme weltweit auf rund 400 Millionen verringern. (Z. 25–28)

Überprüfung 1

a: trifft zu; b: trifft nicht zu; c: trifft zu; d: trifft zu

Überprüfung 2

b: trifft zu

Überprüfung 3

c: ist richtig

Seite 9

Überprüfung 4

Absatz 1 leitet mit einem Beispiel aus der Literatur ein.
Absatz 2 beschäftigt sich mit den Problemen von Analphabeten im Allgemeinen.
Absatz 3 schildert die Probleme von Analphabeten am Beispiel einer Betroffenen.
Absatz 4 stellt Initiativen für Analphabeten vor.

Seite 12

Beispiel 5

Ergänzungen zur Tabelle auf S. 11:
- Verhältnis zum König: absolute Treue
- politische Ziele: Stärkung des Königs und des preußischen Staates

Aufgabe 1

Fragen, die der Text u. a. beantwortet:
- Wann gab es in Deutschland Kinderarbeit?
- Wie lange mussten Kinder täglich arbeiten?
- Welche Arbeiten mussten Kinder verrichten?
- Welche Folgen hatte die Arbeit für die Kinder?
- Wie wurde Kinderarbeit gerechtfertigt?
- Was tat der Staat, um die Kinder zu schützen?
- Welche Bestimmungen enthielt das Gesetz?
- Wann wurde Fabrikarbeit von Kindern gänzlich verboten?

Seite 13

Aufgabe 2 und 3

(kursiv gedruckt sind Ergänzungen aus Aufgabe 5)

Aspekte	Informationen des Textes
Arbeitsbedingungen:	täglich 10–15 Stunden harte Arbeit, z. B. im Dunkeln sitzen und Schachttüren für Kohlenwagen öffnen; *getrennt von der Familie*
Gründe für Kinderarbeit:	Erwachsene waren für bestimmte Tätigkeiten zu groß; *durch Industrialisierung Tätigkeiten, für die man keine Ausbildung brauchte; Fingerfertigkeit der Kinder vorteilhaft*
Bereiche mit Kinderarbeit:	*Fabriken, Bergwerke, Handwerk, häusliche Dienste, Botengänge, Handel, Gast- und Schankwirtschaft, Landwirtschaft*
Folgen der Kinderarbeit:	Krankheit, schlechte Schulbildung, *Arbeitsunfälle*
Rechtfertigung der Kinderarbeit:	Erziehung der Kinder zu „ordentlichen Arbeitern"; Kinder müssen nicht mehr betteln gehen
Gründe für Kinderarbeitsschutz:	schlechter Gesundheitszustand der Bevölkerung, hohe Kindersterblichkeit, höhere Qualifikationsanforderungen, Schulpflicht, Widerstand der Arbeiterbewegung
Maßnahmen gegen Kinderarbeit:	1839: Kinderarbeitsschutzgesetz in Preußen
Bestimmungen des Gesetzes:	keine Fabrikarbeit für Kinder unter 10 Jahren, dreijähriger Schulbesuch für jedes Arbeiterkind, tägliche Höchstarbeitszeit von 10 Stunden mit 2 Freistunden an der frischen Luft *(für 9- bis 16-jährige Kinder), Verbot der regelmäßigen Kinderarbeit in Fabriken, Berg-, Hütten- und Pochwerken*
Verbot der Kinderarbeit:	1853 Verbot der Fabrikarbeit für Kinder unter 12 Jahren; *Gründe: Einschränkende Bestimmungen wurden nicht eingehalten (mangelnde Überwachung und materielle Not der Familien).*

Aufgabe 4

- Gründe für Kinderarbeit
- Bereiche, in denen Kinderarbeit verbreitet war
- Gründe für Kinderarbeitsschutz
- Gesetz gegen Kinderarbeit, Bestimmungen des Gesetzes
- Gründe für Verbot der Kinderarbeit

Seite 14

Aufgabe 5

Die Ergänzungen sind in der Tabelle (Seite 13, Aufgabe 2 und 3) kursiv gedruckt.

Seite 15

Überprüfung 1

a) 4; b) 2; c) 3; d) 1/3; e) 2; f) 1; g) 4; h) 1

Überprüfung 2

Folgende Aspekte müssen angekreuzt werden:
Mindestalter der Kinder für Arbeitseinsatz, Verbot von Nacht- und Sonntagsarbeit, Höchstarbeitszeit, Verbot der Kinderarbeit in bestimmten Arbeitsbereichen.

Seite 18

Beispiel 2

Der Artikel informiert über den Ausschluss zu dünner Models auf der Madrider Modewoche und stellt unterschiedliche Reaktionen darauf vor.

Beispiel 5

Pro: 1. = Z. 11–13; 2. = Z. 21–30
Kontra: 1. = Z. 15–18; 2. = Z. 32–35; 3. = Z. 36–37

Seite 20

Aufgabe 2

Der Artikel beschäftigt sich mit den Reaktionen in Mailand auf den Ausschluss zu dünner Models in Madrid.

Aufgabe 3

Diese Positionen lässt das Thema u. a. zu:
1. Position: Zu dünne Models sollten von Modenschauen ausgeschlossen werden, weil sie ein schlechtes Vorbild für junge Frauen sind.
2. Position: Dünne Models sollten nicht von Modepräsentationen ausgeschlossen werden, weil man aus ihrem Gewicht nicht schließen kann, dass sie ungesund leben.

Aufgabe 4 und 5

Folgende Positionen enthält der Text:

Kontra:

- Die Gesundheit der Mädchen wird überprüft. Das Äußere lässt nicht den Schluss zu, dass die Models krank sind. (Z. 8–15)
- Die größten Stars unter den Models sind dünn. (Z. 15–21)
- Diskriminierung: Models sind von Natur aus dünn. (Z. 33–35)
- Der Job kostet so viel Kraft, dass nur gesunde Models ihn ausüben können. (Z. 37–38)
- Das Thema ist in Spanien nur in der Presse, um den Modenschauen Aufmerksamkeit zu verschaffen. (Z. 39–42)

Pro:

- Models sind Vorbilder. Eine gesündere Variante der Weiblichkeit sollte präsentiert werden. (Z. 23–25)

Seite 21

Überprüfung 1

1. kontra; 2. pro; 3. kontra; 4. pro; 5. pro; 6. kontra; 7. kontra; 8. pro; 9. kontra; 10. kontra

Seite 24

Beispiel 2

1. Schritt: Orientierung

- Art des Diagramms: Balkendiagramm
- Thema des Diagramms: Medienbindung von Jugendlichen (Mädchen und Jungen)
- Angaben auf der x-Achse: Zahl der Mädchen und Jungen in Prozent
- Angaben auf der y-Achse: verschiedene Medien

2. Schritt: Beschreibung

Fast ein Drittel der Mädchen und Jungen bevorzugen das Fernsehen. Während für ein Drittel der Jungen der Computer am wichtigsten ist, dicht gefolgt vom Fernsehen, gilt dies nur für 13 % der Mädchen. Das Internet ist für 15 % der Mädchen und 17 % der Jungen unentbehrlich. Deutlich mehr Mädchen gaben an, dass Bücher (16 %, nur 6 % der Jungen) und das Radio (15 %, nur 8 % der Jungen) am wichtigsten sind. Zeitschriften und Zeitungen werden von beiden Geschlechtern fast gleichermaßen als unwichtig eingestuft. Bei den Mädchen scheint eine leichte Vorliebe für Zeitschriften (6 %) gegenüber Zeitungen (3 %) vorzuliegen.

3. Schritt: Auswertung

Besonders auffällig ist, dass der Computer für Jungen deutlich wichtiger ist als für Mädchen, während das Internet fast gleich bewertet wird. Mädchen scheinen doch lieber Bücher zu lesen als Jungen. Für beide Geschlechter sind Zeitschriften und Zeitungen gleichermaßen unwichtig.

Offene Fragen:

- Wird die Mediennutzung auch von anderen Faktoren (z. B. Alter oder Schulbildung) bestimmt?
- Warum nutzen Jungen den Computer so viel lieber als Mädchen?
- Gelten die Angaben zu Büchern auch für Sachbücher?

Aufgabe 1

1. Schritt: Orientierung

- Art des Diagramms: Säulendiagramm
- Thema des Diagramms: Glaubwürdigkeit der Medien bei Jugendlichen (Mädchen und Jungen)
- Angaben auf der x-Achse: verschiedene Medien
- Angaben auf der y-Achse: Zahl der Jugendlichen insgesamt und der Mädchen und Jungen in Prozent

2. Schritt: Beschreibung

Die meisten Jugendlichen (42 %) würden bei widersprüchlicher Berichterstattung am ehesten der Tageszeitung vertrauen, ein gutes Viertel würde am ehesten dem Fernsehen Glauben schenken. Das Internet (16 %) und auch das Radio (10 %) werden als weniger glaubwürdig empfunden.

3. Schritt: Auswertung

Jungen und Mädchen urteilen im Großen und Ganzen ähnlich, allerdings genießt das Internet bei Jungen größeres Vertrauen als bei Mädchen.

3

Seite 25

Aufgabe 2

1. Schritt: Orientierung

- Art des Diagramms: Säulendiagramm
- Thema des Diagramms: Glaubwürdigkeit der Medien bei Jugendlichen mit unterschiedlicher Schulbildung
- Angaben auf der x-Achse: verschiedene Medien
- Angaben auf der y-Achse: Zahl der Hauptschüler, Realschüler und Gymnasiasten in Prozent

2. Schritt: Beschreibung

Während über die Hälfte der Gymnasiasten die Tageszeitung für das glaubwürdigste Medium hält, gilt dies nur für 35 % der Realschüler und 30 % der Hauptschüler. Dagegen sind für deutlich mehr Haupt- und Realschüler das Fernsehen und das Internet vertrauenswürdiger als für Gymnasiasten.

3. Schritt: Auswertung

Unterschiede in der Bewertung der Glaubwürdigkeit der Medien zeigen sich vor allem zwischen Gymnasiasten, die eindeutig für die Tageszeitung stimmen, und Jugendlichen mit niedrigerer Schulbildung. Haupt- und Realschüler schätzen die Medien in etwa gleich ein und vertrauen im Gegensatz zu Gymnasiasten eher dem Fernsehen und dem Internet.

Mögliche offene Fragen:
- Gibt es Unterschiede zwischen Jungen und Mädchen mit unterschiedlicher Schulbildung?
- Gelten die Ergebnisse zur Tageszeitung für alle Tageszeitungen gleichermaßen?
- Woran liegt es, dass Jugendliche mit geringerer Schulbildung dem Fernsehen fast genauso vertrauen wie der Tageszeitung?

Aufgabe 3

a) Das zweite Diagramm berücksichtigt die unterschiedliche Schulbildung der Jugendlichen.

b) Ja, die Durchschnittswerte der Angaben zu den einzelnen Medien im zweiten Diagramm entsprechen in etwa der Gesamt-Prozentzahl im ersten Diagramm.

Aufgabe 4

So könnte deine Lösung lauten:
Es fällt auf, dass die Jugendlichen insgesamt zwar die Tageszeitung für das glaubwürdigste Medium halten, gleichzeitig aber am ehesten auf die Tageszeitung verzichten würden. Daraus lässt sich schließen, dass die Jugendlichen die Medien nicht vorrangig zur Information, sondern eher zur Unterhaltung nutzen. Bei den Medien Fernsehen, Internet und Radio decken sich die Angaben zur Nutzung und zur Glaubwürdigkeit weitgehend.

Seite 26

Überprüfung 1

Folgende Aussagen müssen angekreuzt werden:
- Je älter die Jugendlichen werden, desto glaubwürdiger erscheint ihnen die Tageszeitung.
- Die unter 16-Jährigen halten Tageszeitung und Fernsehen in gleichem Maße für glaubwürdig.
- Die über 16-Jährigen halten Tageszeitung und Fernsehen in gleichem Maße für glaubwürdig.
- Die Glaubwürdigkeit des Internets hängt offenbar eher vom Geschlecht als vom Alter ab.

Seite 30

Beispiel 7

Mögliche Antwort:
Antwort B trifft den Inhalt am besten, weil es in der Geschichte um passiven Widerstand geht.

Seite 31

Aufgabe 3

So könnte deine Lösung lauten:

Zeit und Ort	unbestimmte Zeit, der Palast eines Kaisers umschlossen von weiteren Palästen, ein Raum mit einem Fenster (letzter Satz)
Personen	Kaiser, Bote, die Großen des Reichs, Adressat der Botschaft („Du“)
Handlung	Der sterbende Kaiser sendet einen Boten mit einer wichtigen Botschaft an seinen Untertan/den Leser. Der Bote trifft auf seinem Weg auf unüberwindliche Hindernisse. Es wird deutlich, dass es ihm niemals gelingen wird, die Botschaft zu übermitteln. Abschließend wird angemerkt, dass der direkt Angesprochene sich das Eintreffen der Nachricht abends erträume.
Erzählperspektive	auktorialer Erzähler
Sprachliche Besonderheiten	Perfekt und Präteritum am Anfang, am Schluss Präsens; Attribute für den Adressaten in dreifacher Apposition (Z. 1–3); aneinandergereihte, oft durch Semikolon oder „und“ verbundene Hauptsätze beschreiben den Weg des Boten; Unterbrechungen der Sätze durch Parenthesen; ab Z. 16 Wechsel von Konjunktiv und Indikativ; Gleichartigkeit der Sätze durch Wiederholungen („und gelänge ihm dies …“)

Aufgabe 4

So könnte deine Antwort lauten:
Die Bedeutung der Botschaft und die Bemühungen des Boten, diese zu übermitteln, stehen in Kontrast zur Unmöglichkeit, das Ziel zu erreichen: Endloser Raum und unendliche Zeit stehen der Übermittlung der Botschaft entgegen. Der Einzelne wirkt in einem unerklärbaren, unendlichen Universum bedeutungslos und passiv. Die Heilserwartung des Einzelnen kann nicht erfüllt werden: Selbst wenn es eine Antwort auf die Sinnfrage gibt, wird sie das Bewusstsein des Einzelnen nie erreichen.

Seite 32

Überprüfung

Folgende Aussagen müssen angekreuzt werden:
- … den Leser der Parabel.
- … er nicht alle Hindernisse auf dem Weg überwinden kann.
- … kräftig und unermüdlich
- … er über freies Feld fliegen könnte.

- … es vielleicht gar keine kaiserliche Botschaft gibt.
- … die Unmöglichkeit, das Ziel zu erreichen.
- … passiv.
- … die Frage nach der Existenz Gottes und nach dem Sinn des Lebens.

Seite 38

Aufgabe 2

Sprache/Form:
- drei Strophen à vier Verse, Kreuzreim, durchgängiger Trochäus
- Titel: Metapher („Nachtblume")
- Vergleiche in V. 1 und 5
- Alliterationen in V. 2 und 5
- Inversion (Satzumstellung) in V. 3 f.
- rhetorische Frage in V. 7 f.
- In V. 9 wird ein lyrisches Ich genannt.
- Personifikation von Herz und Mund in V. 9 f.
- Metapher in V. 12 („Wellenschlagen")

Inhalt:
Strophe 1: Die Nacht und die in ihr aufkommenden Empfindungen werden mit einem leicht bewegten Meer verglichen.
Strophe 2: Wünsche, die sowohl Gedanken als auch Träume sein können, werden mit Wolken verglichen. Die Wolken werden mit Räumen in Beziehung gesetzt, wodurch Außen- und Innenraum verbunden werden.
Strophe 3: Obwohl das lyrische Ich verstummt, bleiben leichte Gefühlsregungen spürbar. Das lyrische Ich steht in der Spannung zwischen den Sternen und dem Herzensgrund, zwischen Verstummen und Bewegung, zwischen Ende („Schließ", V. 9) und Fortdauer („Bleibt", V. 12).

Aufgabe 3

So könnte deine Lösung lauten:

Beobachtung	Deutung
drei Strophen à vier Verse, Kreuzreim, durchgängiger Trochäus	Die regelmäßige Form lässt den Text wie ein Lied wirken. Das sanfte Wellenschlagen findet sich in dem regelmäßigen Trochäus wieder, sodass das entwickelte Naturbild auch akustisch wahrnehmbar ist.
Metapher im Titel	Die Nachtblume taucht in dem Gedicht als Bild nicht wieder auf. In der letzten Strophe verstummt das lyrische Ich. Die Nachtblume könnte ein Bild für ein Wesen sein, das nach außen hin verstummt (Nacht = Zeit des Schlafens), aber im Inneren bewegt ist (Blume = Lebendigkeit).
Alliterationen (V. 2, 5)	Die weich klingenden Laute „L" und „W" vertonen das „linde Wellenschlagen".
Rhetorische Frage (V. 7 f.)	Durch die Form der Frage wird die Unmöglichkeit deutlich, zwischen Gedanken (real) und Träumen (irreal) zu unterscheiden.
Wortfeld „Nacht" (Nacht, still, V. 1; Sterne V. 10)	Zeit der Dunkelheit, des Verborgenen
Wortfeld „Meer" (Meer, V. 1; Wellenschlagen, V. 4; schiffen, V. 6)	Das Meer wird mit Sehnsucht und dem Ungewissen (Unendlichkeit) verbunden.
Inhaltliche Spannung zwischen dem „stillen Meer" (V. 1) und dem „Wellenschlagen" (V. 4), das „verworren daherkommt" (V. 3)	Die Zustände der Ruhe und Unruhe existieren nebeneinander.

Aufgabe 4

So könnte deine Lösung lauten:
In dem Gedicht steht ein lyrisches Ich in der Spannung zwischen der Ruhe, die es sich auferlegt („Schließ ich nun auch Herz und Mund", V. 9), und einer verspürten inneren Unruhe, die dadurch entsteht, dass sich Gefühlszustände wie „Lust und Leid und Liebesklagen" (V. 2) nicht ignorieren lassen.

5

Aufgabe 5

Mögliche Lösung zu Bild 1:
Das Bild „Mondaufgang am Meer" kann das Gedicht illustrieren, weil das Motiv – zwei Männer und zwei Frauen blicken auf das Meer und den aufgehenden Mond – sich auf die Meer- und die Nacht-Metapher in dem Gedicht beziehen lässt. Die in dem Gedicht zutage tretende Sehnsucht drückt sich in dem Bild dadurch aus, dass alle vier Figuren in Rückenansicht dargestellt sind und in die Weite blicken. „Lust und Leid und Liebesklagen" (V. 2) können mit dem Bild in Verbindung gebracht werden, da die Figuren nach Geschlechtern getrennt abgebildet sind, was diese Empfindungen als Gesprächsthemen zwischen den Gruppen denkbar macht. So ist auch die Spannung zwischen Ruhe (warme Farbgebung, die wenigen Figuren wirken klein auf der großen Fläche, die fast nur durch das ruhige Meer und einen steinigen Vordergrund ausgefüllt wird) und Unruhe (Sehnsucht der in die Ferne Blickenden, Frage nach den Gesprächsinhalten) in dem Bild enthalten.

Mögliche Lösung zu Bild 2:
Das Bild „Seestück bei Mondschein auf dem Meer" ist als Illustration zu dem Gedicht denkbar, weil das Motiv – ein Segelschiff auf dem Meer vor wolkigem Hintergrund im Mondschein – sowohl zu der Meer- als auch zu der Nacht- und der

Wolken-Metapher in dem Gedicht passt. Auf den Betrachter übertragen sich sowohl Empfindungen der Ruhe (klarer Bildaufbau bestehend aus den Elementen Himmel, Meer und Segelschiff; Meer ist ruhig dargestellt) als auch der Unruhe (Darstellung der Wolken lässt vermuten, dass schlechtes Wetter aufzieht; kalte, dunkle Farbgebung). Die gewählte Perspektive versetzt den Betrachter in die Position dessen, der auf das Meer und in die Ferne schaut, was an das Motiv der Sehnsucht in dem Gedicht (V. 8, 10) denken lässt.

Seite 39

Überprüfung 1

Folgende Nennungen sind richtig:
Gedicht und Bild passen zueinander,
- ... weil beide sich mit dem Krieg auseinandersetzen.
- ... weil die gebeugte Körperhaltung der Frau auf dem Bild zu dem in dem Gedicht geschilderten Leiden des lyrischen Ichs passt (V. 3 f.).
- ... weil beide Werke die Kriegsopfer drastisch realistisch darstellen (V. 6).
- ... weil in beiden Werken das Leid der Überlebenden im Mittelpunkt steht, die mit den Folgen des Krieges zu kämpfen haben.

Seite 44

Beispiel 4

Merkmale einer Reportage:
- Äußerungen Betroffener (Z. 5–11, Z. 15–21, Z. 26–30, Z. 32–34, Z. 36–41)
- Folgen des Ereignisses für die Betroffenen (Z. 14, Z. 17 f., Z. 25–30)
- anschauliche Schilderungen (Z. 31 f.)
- atmosphärische Einzelheiten (Z. 21 f.)
- Hintergrundinformationen am konkreten Beispiel (Z. 12–14, Z. 42–46)

Beispiel 5

Welchen Text wählst du, wenn du ...

... dich sachlich über ein Thema informieren willst?	Text 1
... wissen willst, was andere Leute über das Thema denken?	Text 2
... wenn du selber Stellung zu einem Thema beziehen musst?	Text 1/2
... wenn du objektive Hintergrundinformationen zu einem Thema brauchst?	Text 1
... wenn du dir ein anschauliches Bild von einem Ereignis und dessen Folgen machen möchtest?	Text 2
... wenn du nicht in deiner Meinungsbildung beeinflusst werden möchtest?	Text 1
... wenn du dich für die Situation anderer Menschen interessierst?	Text 2

Seite 46

Aufgabe 2

Es handelt sich um eine Reportage:
- Äußerungen Betroffener (Z. 6–8, Z. 12–17, Z. 27–28, Z. 34–43)
- Folgen des Ereignisses für die Betroffenen (Z. 3–4, Z. 5–8, Z. 12–13, Z. 27–28, Z. 34–36)
- anschauliche Schilderungen (Z. 8–10, Z. 12–17)
- Hintergrundinformationen am konkreten Beispiel (Z. 3–4, Z. 18–24, Z. 30–33)

Aufgabe 3

Es handelt sich um einen Kommentar:
- Bewertungen/Meinungsäußerungen des Verfassers (Z. 10, Z. 30, Z. 33–37, Z. 41–43, Z. 45–47)
- Argumente (Z. 1–3, Z. 5–7, Z. 14–17, Z. 17–20, Z. 21–23, Z. 25–26, Z. 30–32)
- rhetorische Fragen, Ironie (Z. 16 f., Z. 26–29)

Seite 47

Aufgabe 4

Mögliche Lösung:
In der Reportage stehen Äußerungen Betroffener im Vordergrund. Der Verfasser gibt unterschiedliche Meinungen zum geplanten Rauchverbot meist in direkter Rede wieder, äußert sich selbst aber nicht dazu. Die Betroffenen erläutern hauptsächlich, welche praktischen Folgen das geplante Verbot für sie hätte.
Im Kommentar äußert der Verfasser seine persönliche Meinung, er entkräftet Gegenargumente und führt Argumente für seine Auffassung an. Insbesondere äußert er sich zu rechtlichen und moralischen Aspekten der geplanten Regelung. Er wirft der Regierung einen widersprüchlichen Umgang mit der Sucht vor und bezeichnet die geplante Regelung als „faulen Kompromiss". Ein generelles Rauchverbot in der Gastronomie hält er für verfassungsrechtlich fragwürdig, spricht sich aber für freiwilligen Nichtraucherschutz bzw. Suchtprävention aus.

Seite 48

Überprüfung 1

	N	R	K	Begründung
Das Gaststättenrecht unterscheidet zwischen „Speisewirtschaften", in denen zubereitete Speisen angeboten werden, und „Schankwirtschaften", in denen „Getränke zum Verzehr an Ort und Stelle verabreicht werden".	x			neutrale, sachliche Hintergrundinformation
Der neue Gesetzesentwurf ist ein fauler Kompromiss.			x	subjektive Bewertung
Die junge Kellnerin muss jeden Abend stundenlang den Rauch der Gäste einatmen und kann sich dem nicht entziehen, weil sie sonst ihren Arbeitsplatz verlieren würde.		x		Folgen für Betroffene, anschaulich geschildert
Ein gesetzlicher Anspruch auf einen rauchfreien Thekenplatz geht eindeutig zu weit!			x	persönliche Meinungsäußerung
Rauchverbote ohne Strafen haben keine Zweck!			x	persönliche Meinungsäußerung / Bewertung
„Wir haben uns mit diesem Restaurant einen Lebenstraum erfüllt, wenn das Rauchverbot kommt, können wir den Laden schließen. Dann kommt keiner mehr."		x		Äußerung Betroffener; persönliche Folgen werden deutlich
In England darf ab Juli dieses Jahres in allen öffentlich zugänglichen Räumen nicht mehr geraucht werden.	x			sachliche Information
Es ist widersinnig, wenn das Rauchen in Restaurants verboten, in Kneipen und Bars aber zugelassen wird.			x	Bewertung

Seite 51

Aufgabe 1

a) trifft nicht zu; b) nicht enthalten; c) trifft zu; d) trifft zu; e) trifft nicht zu; f) nicht enthalten

Aufgabe 2

Absatz 1 … formuliert die Leitfrage für die Beschäftigung mit dem Thema.
… sagt die Entwicklung künstlicher Intelligenz voraus.
Absatz 2 … konkretisiert die Leitfrage aus Absatz 1.
… kündigt eine Pro- und Kontradiskussion an.
Absatz 3 … stellt Fragen.
… sammelt Kontra-Argumente.
Absatz 4 … leitet über zu den Pro-Argumenten.
Absatz 5 … stellt die Potenziale künstlicher Intelligenz dar.
… enthält Pro-Argumente.
Absatz 6 … spiegelt die Meinung des Autors wider.
… bleibt unentschieden zwischen Pro und Kontra.

Seite 52

Aufgabe 3

Pro-Argumente	Kontra-Argumente
Medikamente gegen Krankheiten könnten entwickelt werden (Z. 30–31).	Technologische Entwicklungen könnten den Menschen moralisch überfordern (Z. 15–20).
Gesellschaftliche, wirtschaftliche und ökologische Probleme könnten gelöst werden (Z. 31–36).	Etwas, das intelligenter ist als wir selbst, können wir nicht kontrollieren (Z. 20–22).
	Künstliche Intelligenz könnte in falsche Hände geraten (Z. 25–26).

Seite 53

Aufgabe 1

	Diagramm 1	Diagramm 2
Art des Diagramms	Säulendiagramm	Säulendiagramm
Thema des Diagramms	Assoziationen zum Begriff KI	Bereiche, in denen Forschung zur KI erwünscht ist
Angaben der x-Achse	Bereiche, die mit KI in Verbindung gebracht werden	gewünschte Forschungsbereiche
Angaben der y-Achse	Anzahl der Stimmen	Anzahl der Stimmen

Aufgabe 2

Folgende Aussage trifft auf Diagramm 1 zu:
Viele verbinden Technisches oder Geräte, die Tätigkeiten verrichten, mit KI.

Aufgabe 3

Folgende Aussagen lassen sich mit Diagramm 2 stützen:
- KI soll zum Wohle der Menschen eingesetzt werden.
- KI soll den Menschen Arbeit erleichtern bzw. abnehmen.
- KI soll das Zusammenleben der Menschen verbessern.

Aufgabe 4

Diagramm 1	**Diagramm 2**
Computer	Robotik
Roboter	Medizin
Forschung	Behindertenhilfe
Raumfahrt	Verkehr
Militär, Krieg	Militär

Seite 54

Aufgabe 5

- KI wird noch nicht genügend im medizinischen Bereich eingesetzt.
- KI sollte genutzt werden, um die Lebensqualität der Menschen zu verbessern.
- KI wird positiv beurteilt.

Begründung:
Diagramm 1 zeigt, dass bisher nur wenige Menschen KI mit Medizin verbinden. Medizin und Behindertenhilfe werden aber von vielen als gewünschte Forschungsbereiche genannt. Daraus lässt sich eine positive Einstellung gegenüber den Möglichkeiten der KI ableiten.

Aufgabe 6

So könnte deine Antwort lauten:
a) Die Ergebnisse sind nicht repräsentativ, weil nur verhältnismäßig wenige Internet-Surfer freiwillig daran teilgenommen haben. Die Tatsache, dass der Fragebogen von vorwiegend jungen, männlichen Internet-Surfern online ausgefüllt wurde, lässt darauf schließen, dass diese Gruppe keine Vorbehalte gegen Computer und Technik hat, sondern diese in ihrem Alltag selbstverständlich nutzt.

Seite 55

Aufgabe 1

Mögliche Lösung:

Es geht in diesem Text um ...	unwichtig	nicht so wichtig	wichtig	sehr wichtig
das Verhältnis von Mensch und Technik				x
Fortschritte in der Transplantationsmedizin	x			
Gefahren des Fortschritts				x
außerirdische Lebensformen	x			
künstliche Intelligenz			x	
Gleichschaltung anderer			x	
zukünftige Foltermethoden	x			

Aufgabe 2

Mögliche Lösung:
Die Androiden sind künstliche Lebewesen mit Augen aus „Kristall" (Z. 2) und „Lippen aus Platin und Schaumgummi" (Z. 3), die auf „langsamen Stahlstangen" „ungeheuer gemächlich" gehen (Z. 7 f.). Sie haben offenbar ein Herz aus Kunststoff, ein Gehirn mit vorgedruckter Schaltung und eine Seele aus Technicolor (Z. 12). Sie verständigen sich in einer eigenen Sprache, die der Erzähler nicht versteht, und mit Blicken. Dem Erzähler gegenüber verhalten sie sich interessiert (Z. 2) und freundlich (Z. 3), sie „mustern" ihn, weil er ihnen offenbar fremd erscheint. Durch das Austauschen der menschlichen „Organe" (Herz, Gehirn, Seele) durch künstliche wollen sie den Erzähler sich ähnlich machen.

Aufgabe 3

Zutreffende Aussagen sind:
- Er ist wie betäubt und lässt alles über sich ergehen. (Z. 9–11, es werden keine Gefühle des Erzählers deutlich, er wirkt innerlich unbeteiligt, Kontrast zwischen der Brutalität der Operation und der Bewertung „Sie meinten es gut mit mir")
- Er beobachtet das Geschehen und beschreibt es (Z. 5: „Ich sah nur", Z. 8: „aus meinem Blickfeld"; der gesamte Text ist aus der Perspektive des Erzählers geschrieben).

Aufgabe 4

So könnte deine Lösung lauten:
In Zusammenhang mit den Androiden erscheint der Erzähler als Objekt (Dativ- oder Akkusativobjekt, Z. 2, 3, 12, 14). Wenn das Pronomen „ich" als Subjekt gebraucht wird, geschieht dies am Ende des Satzes (Z. 1) oder in Zusammenhang mit seinen Wahrnehmungen „Ich sah nur". Das Possessivpronomen „mein" wird für Körperteile gebraucht, die dem Einfluss der Androiden bereits ausgeliefert sind (Z. 8, 11).
Deutung: Der Erzähler ist dem Geschehen hilflos ausgeliefert, er wird vom ehemals handelnden und denkenden Menschen zum Objekt der Androiden.

Aufgabe 5

So könnte deine Lösung lauten:
Der Mensch ist dem Fortschritt hilflos ausgeliefert und ist in der Gefahr, das, was ihn als Mensch auszeichnet, zu verlieren: Herz, Gehirn, Seele, die ihn denken und fühlen lassen, werden ausgetauscht. Wenn man die Androiden als Beispiel für künstliche Intelligenz versteht, dann warnt der Text vor den vermeintlich positiven Möglichkeiten („sie meinten es gut mit mir") des technischen Fortschritts.